慈悲濟世教化的觀世音

親證觀音感應道交與靈驗事蹟

林 恒 雄 著

文史哲出版社印行

國家圖書館出版品預行編目資料

慈悲濟世教化的觀世音：親證觀音感應道
交與靈驗事蹟 / 林恒雄著. -- 初版 --
臺北市：文史哲出版社, 民 112.08
頁； 公分
ISBN 978-986-314-648-3（平裝）

1.CST：觀世音菩薩 2.CST：民間信仰
3.CST：佛教信仰錄

272.43 112012595

慈悲濟世教化的觀世音

親證觀音感應道交與靈驗事蹟

著 者：林 恒 雄
出 版 者：文 史 哲 出 版 社
http:// www.lapen.com.tw
e-mail：lapen@ms74.hinet.net
登記證字號：行政院新聞局版臺業字五三三七號
發 行 人：彭 正 雄
發 行 所：文 史 哲 出 版 社
印 刷 者：文 史 哲 出 版 社
臺北市羅斯福路一段七十二巷四號
郵政劃撥帳號：一六一八〇一七五
電話886-2-23511028・傳真886-2-23965656

定價新臺幣二八〇元

二〇二三年（民一一二）八月初版

ISBN 978-986-314-648-3 20017

聖觀音坐像（八世紀）

白衣觀音菩薩（日本高野山）

3 圖 像

獅子吼觀音坐像（十一世紀・印度）

四臂觀音（十八世紀）

觀音菩薩像（張大千繪）

上圖：作者向「靈鷲山」心道師父禮佛

下圖：心即是佛(李奇茂繪)

自序

二〇二一年十二月作者出版了《心念護持觀照自我》，領悟《般若波羅蜜多心經》意涵乙書，蒙先進大德紛紛來電讚許，甚或提供一些寶貴意見，使作者增益寫作信心與厚植智慧之啟竇！作者幼年時期，在日本帝國統治之下，戰禍不斷，常受盟國軍機轟炸，生活困苦，民不聊生；到了青壯年紀，為了保家衛國，軍旅生涯三十七年，青春歲月都獻給多難的中華民國；而現在已屆歲暮晚年之際，國內外遭逢劫難，人心漂浮，動蕩不安，國家前景堪慮。

智慧能化煩惱，降伏其心，定慧通達，存亡自在。佛法的傳承與新時代的交融，並不衝突，也不相抵觸，而是相輔相成，故《六祖壇經》謂：「佛法在世間，不離世間覺」。說明了生活就是修行，修行就是生活，修行、悟道，都不能離開世間。所以說：「在生活中悟道，乃幸福之人」。佛陀一個人單純在菩提樹下打坐，就悟道生命、大自然與宇宙間的真相。世人每日忙忙碌碌，求學的茫然、事業困境與挫敗、男女婚姻的歧見與糾葛、身體病痛的折磨，甚至對社會公平正義之失望等種種問題，這些在凡夫心靈上的焦慮、無助，依然無法有效改善，妥予解決。

在佛教中，佛陀是教主，所有歸依佛門的人都拜佛陀為師，成為祂的弟子。除了佛陀之外，最廣為佛教徒所敬愛的就屬於大慈大悲觀世音菩薩——觀音佛母。佛陀在講《觀音三昧經》、《千手陀羅尼經》時說，觀世音早在祂之前成佛，號正法明如來。佛陀的前世，年幼時還曾經拜正法明如來為師，在恩師教導下，修成菩薩。在講《楞嚴經》時，說觀世音是修耳根圓通法門而證得最高的成就。祂的「觀」不是用耳聞，而是用清淨心來觀，畢竟心是耳的主體。由於祂功德浩大，佛力無邊，加上大慈大悲，誓願救度一切眾生，故能以千百億化身救度之。《大悲心陀羅尼經》就介紹觀世音千手千眼的來歷。所謂「千眼」代表祂有無限的智慧，透澈了解大道的體用和一切現象的根由。所謂「千手」代表祂有無限的能力，以種種的方法救度眾生。能以祂的心為心、祂的願為願，去解救眾生苦難的人，都是觀世音的千手千眼。世間必須要有無數這樣的人，也就是觀世音的分身或幫手，才能完成祂救度一切眾生離苦得樂的悲願。

長久以來，觀世音大威神力和慈母般疼惜大地眾生的形象，早已深植人心。凡是佛教遠播之地，無不敬愛祂，膜拜祂，到了「家家觀世音」的地步。觀世音的法相，據《華嚴經》說，祂是勇猛丈夫觀自在，也就是相好圓滿的大丈夫。唐宋以前，祂都是男身比丘相，如五台山上的觀音聖像，雕塑的就是男身。由於祂太慈悲，常現婦女身度人，故後人把祂畫為或塑為女身，其中，以身著白衣，手持淨瓶，一臉莊嚴、慈祥的最多。「紫竹林中觀自在，白蓮座上現如來」，頗富禪意。「千處祈求千處應，苦海常作度人舟」，眾生有苦難呼求於祂，就尋聲解救之。要徹底解決眾生的苦難，就是從根救起，亦即代劫後救人心開始，脫離了六道輪迴，眾生才能真正的離苦得樂。觀世音曾發下四弘誓願：「眾生無邊誓願度，法門無量誓願學，煩惱無盡誓願斷，佛道無上誓願成」。

作者從出生不久迄至今日，人生走過的每一步腳印，都是生命的旋律；流下的每一滴汗水，都是生活的芬芳。八十八年來，度過了多少辛酸、苦楚、艱難，也遇到了不少貴人的幫助與提攜。作者在第五章第三節著墨較多，感受甚深，以人格的「六個德目」為主軸，將自身親證觀世音感應事蹟，逐一不保留、不虛應的體現觀世音靈感的真實驗證，讓有緣的親朋好友分享之。這一生幸有觀世音「慈悲喜捨，憐憫疼惜」，而得其福澤庇佑。筆者有多次，瀕臨絕境，危及生死關頭，若不是觀世音護持，恐早已不復活在人世間了！

弟子　謹識

完稿於觀世音菩薩成道紀念日（六月十九日）

虛度八十八歲頂禮膜拜

慈悲濟世教化的觀世音

目 次

第五章 體現觀世音靈感的真實寫照

附錄：

第一章 佛教東傳中國

第一節 佛法初傳中國

佛教傳到中國，歷來各種典籍記載不同，多數公認是東漢孝明帝永平十年（西元六十七年）傳到中國。漢明帝派遣中郎將蔡愔（一ㄣ）、秦景、博士王遵等十八人到印度去請求佛法。路上經過大月氏國，遇到迦葉摩騰（註一）、竺法蘭（註二）二位法師，騎著二匹白馬，帶來了佛像和佛的舍利以及梵文貝葉經六千萬言，從印度來中國弘傳佛法。漢明帝就以最隆重的儀式，把二位尊者迎接至洛陽，先住鴻臚寺，又在洛陽雍門外修建了一座規模宏大的白馬寺，為供養這二位法師安居之處，就在白馬寺翻譯了《四十二章經》。佛教傳到中國之後，從宮廷開始信奉起來，逐漸地推廣到民間。漢人發心出家做和尚的是朱士行法師，也是中國第一個和尚，陸續又有陽城侯劉峻等人也出家做和尚，洛陽也有婦女阿潘（註三）出家做尼姑，是中國尼僧的開始。當時出家的僧尼只是剃除鬚髮，沒受三壇大戒（註四）。直至三國曹魏嘉平二年（西元二五〇年）才由中天竺國沙門曇摩迦羅（註五）法師來到洛陽，譯出《僧祇戒心》，並創立起戒壇給和尚、尼姑傳授三壇戒法。因此，佛教徒推曇摩迦羅法師為律宗初祖，從這個時候開始，中國佛教才有真正的比丘、比丘尼。

經律論三藏教法，在古印度用巴利文和梵文結集的。自漢明帝時傳到中國，先由攝摩騰、竺法蘭譯出《四十二章經》，後由漢末葉安息國安世高（註六）、月支國支婁迦讖（註七）、姚秦的龜茲國鳩摩羅什、東晉法顯、道安、唐代玄奘等高僧大德共同努力下，把梵文和巴利文的三藏教法翻譯成為中文。這些高僧對中國佛教的弘傳和翻譯，都做出了不可磨滅的貢獻。漢語系與藏文系經律論三藏，是中國現在所流傳的大藏經。

佛教初傳到中國，主要譯師是安世高。他別號安清，安息國的太子，精通禪學，教人修學安般守意。調攝我們出入呼吸的氣息，收攝忘想心，專注一心，功夫成熟，就能得到三昧（註八）禪定。這種修禪方法，等於六妙門的禪觀，這和達摩大師在嵩山少林寺，所修的面壁觀完全不同。這位太子夙植靈根，久培德本，而且得了宿命通的時殊功能。他三世以來都是做安息國的太子，第一次做太子的時候，就發心出家做和尚。但是安世高法師第三世再到安息國去投胎做太子，不久又出家做和尚，精通三藏教義，第三次再來中國。這正當後漢桓帝延和年間（西元一五〇年），住在中國弘法二十餘年，他所翻譯的經典，據三藏集記所載，共有三十五部，達四十一卷之多，而《佛說八大人覺經》，就是法師所翻譯的一部。

第二節　中國佛教的傳播者

一、鳩摩羅什法師

鳩摩羅什法師（西元三四四—四一三年），龜（ㄑㄧㄡ）茲國人，就是現在新疆庫車縣。本來名叫鳩摩羅耆婆什，他的父親名叫鳩摩羅炎，母親名叫耆婆，連父母名，所以名為鳩摩羅耆婆什，漢譯童壽，意即雖是童年，而有耆年的德氣。法師的母親早已出家，而且證到初果須陀洹的果位。羅什法師從小聰明伶俐，在七歲時，一天能背誦一千首的偈子。有一次，他跟隨母親，到一座寺廟的大殿，看到一個銅的磬子，小孩好玩，用雙手一舉，當著帽子一樣，戴在頭上，非常高興，想到這銅磬很重，怎麼居然能夠把它舉起來，戴在頭上，當下就覺得這只銅磬異常沉重，於是把它拿下來，因而就悟到萬法唯心的道理。到了九歲，隨母親從龜茲國到罽（ㄐㄧˋ）賓國去求學，拜槃頭達多做師父，修學小乘教義。二十一歲到月氏國的北山求學，他通達印度的智書，四圍陀典，五明諸論，陰陽星算，其有淵博的智識，嗣後回到龜茲國，拜須利耶蘇摩為師，進修大乘教法，大力弘揚大乘教法。過了一段潛修他的母親證了三果阿那含，就有了神通。在他到天竺國前，叮囑羅什：佛法要闡揚到秦都，對你自身很不利。羅什回答：菩薩修行，一切為了利益眾生，只要佛教能宏行世間，對我個人縱然受到鑊（ㄏㄨㄛˋ）湯鑪炭的痛苦，我也甘心接受。就依舊在龜茲國新王寺弘揚聖教，又到罽賓國為他的小乘師父槃頭達多，宣說最上一乘甚深妙義。小乘師父聞法大開悟解，覺今是昨非，於是轉而拜羅什為大乘師父。羅什的名氣，逐漸遠播四方。前秦苻堅（註九）聞悉就派呂光將軍，帶了十萬雄兵至龜茲國邀請羅什法師，唯龜茲王勸法師去中國弘法，想不到苻堅被他侄子姚萇殺害，呂光於是割據涼州自立為王，將羅什扣留達十七年之久。一直等到姚興繼承王位，弘始三年（西元四〇一年）攻涼州，呂光投降，於是請了羅什法師到長安，以國師厚待。姚秦弘始四年（西元四〇二年）應姚興禮聘住逍遙園，廣開譯場，翻譯許多大乘經典，以舊譯經本，乖失原旨，慎選義學沙門五百人聚集重新譯了經論七十四部，三百八十四卷（據《開元釋教錄》）。

法師道宣（註十）曾說過：「羅什法師，夙根深厚，乘願再來，他過去七世以來，都做精通佛學的譯經法師，他在臨終對大眾發了誓言，如果一生所翻譯的經論，能夠深合佛的本意，火化時舌根不爛，結果十分應驗，紅彤彤的鮮艷如生。」這證實了羅什法師所譯出的經典，確實契合佛心。

二、法顯法師

法顯法師：中國早在西元四世紀，到中印度求法取經的有一位高僧，名叫法顯法師（西元三四〇—四二三年），山西平陽人，俗姓龔。三歲出家，二十歲受其足戒。因慨歎僧團與經律之殘闕，乃於晉安帝隆安三年（西元三九九年）和同學慧景、道整、慧應、慧嵬等四人，從長安出發，經流沙河等艱難險惡的路途，飽受了風霜雨雪種種痛苦，於晉興元年（西元四〇二年）到達天竺。在印度各地住了六年、斯里蘭卡住了兩年，精研戒律和梵文，共經歷三十多個國家，對《大般泥洹經》、《摩訶僧祇律》、《長阿含經》及《雜阿毗曇心》等經文，深具心得。義熙九年（西元四一三年）法顯法師回國，在建康道場寺，和覺賢法師合譯《大般泥洹經》六卷及其他經律聖典。在中國翻譯方面，起了非常重要的作用。法師八十六歲在荊州辛寺圓寂，著有《歷遊天竺記傳》，詳細敘述了西行的經歷與印度、中亞各地的佛教情況，記錄許多有關印度古代歷史、地理的資料，至今仍然為世界東方學者所重視。

法顯法師稱得上是中國僧人到印度參禮佛教聖地，求取經典，並得到偉大成就的第一個人。

三、道安法師

道安法師（西元三一二—三八五年），常州扶柳（河北正宣）人，世家業儒，十二歲出家，天資聰敏，但以相貌黑醜被人們瞧不起，經常要他做苦力勞動，但他毫不怨言，十分賣力。有一天他要求師父把經書給他看，師父取了一部長達萬言的佛經叫他誦念。意想不到這位相貌不揚的道安法師，記憶力甚強，在一天內居然把萬言佛經，背得熟透，而且一字不錯，師父甚感驚訝！通過這樣的考驗，終於改變人們對他的蔑視，認為是佛門的法器，為其傳授比丘大戒。因緣遇見佛圖澄法師，對他極為欣賞。東晉孝武太元四年（西元三七九年），秦王苻堅以七萬雄兵，攻克襄陽，高興地說：我取得襄陽，最大的收穫，就是得到道安法師一個人，還有習鑿（ㄗㄠˊ）齒（註十一）半個人，一共是一個半人。足見道安法師的道德學問，為苻堅所敬仰。他弘揚聖教，普利眾生，跟他參學的門人，有數千人之多。安師精通佛典，科判佛經為三分：一、序分。二、正宗分。三、流通分。當時就有一些人對他把佛經分為三分的見解，表示懷疑，誹謗自作聰明，自持己見。從印度一部親光菩薩論，翻譯到中國來，居然也有三分的分法，這才相信安師智慧超群，深契佛心，是有先知之明。出家人為什麼都稱釋子呢？這是道安法師肯定下來的，他根據印度佛教規定剎帝利（貴族）、婆羅門（祭祀）、毗舍（工藝）、首陀羅四姓出家，統統都稱為釋子一說，判定中國的出家和尚，一律姓釋。晉太元十年（西元三八五年），道安法師圓寂，時年七十四歲。

道安法師出世時，左邊手臂有一塊肉凸出，就像印子圖章，大家都叫他印手菩薩。有一天安師訪問習鑿齒，一見面法師就問：請教尊姓大名？可是驕傲自大的文學家，毫不客氣的回答：「四海習鑿齒」。意即在四海之內只有我習一人而已。安師心想，這個人那麼傲氣凌人。當習請教法師法號時，安師有意識的回應一句：「彌天釋道安」，意思是說普天之下，只有一位專通三藏的道安，你大我比你更大。由此法師與習機教相當，棋逢對手，機辯縱橫，但習人只不過是一個世智辯聰，當然比不上安師的妙觀察智。習人就提出「芥子可納須彌之山，毫端能現寶王之剎」，就是說微小的芥子為什麼能納須彌山呢？纖細的毫端為什麼能現寶王之剎呢？安師深研經藏，智慧如海，隨口就回答：「聽說你曾讀過十三幢樓房的藏書，請教你的藏書放在何處？」習人一觸便悟，獲益良多。這就是佛教《華嚴》事事無礙境界，是不可思議的法門，譬喻我們拿一尺大的鏡子，登上高山，向四方上下一照，所有的山河大地，草木叢林，都顯出在一尺的鏡子之中。習人所開悟的是「重重無盡，法法圓融」的道理。因此，對安師心悅神服，甘拜下風，經過一場激辨，兩人彼此結為方外之交，一僧一俗都為苻堅和眾人所敬仰。

第三節　《心經》翻譯者玄奘大師

佛經翻譯的大德高僧，最傑出的當推唐三藏玄奘大師（西元六〇二—六六四年）。河南洛州緱氏縣（今河南偃師）人，俗姓陳，名禕，是陳惠的第四個兒子，幼習儒學，讀曾子避席的一段，大師深深體會，要仿效曾子「避席」的美德，立在書房中，其父看到這種情景，認為兒子有禮貌、有孝心，心中甚為欣喜。十三歲時，大師善根成熟，為了要遠紹我佛如來的法身慧命，近光我佛遺留的宏偉教法，跟隨二哥長捷發心出家做沙彌。二十歲在四川成都受其足戒，就赴各處名山古剎，參訪大善知識，努力弘揚佛教，對於《大般若經》，更加積極弘揚，同時在《涅槃經》、《攝大乘論》及《曇毗雜心》等經典有所心得，悟透很深。當時大師多年在各地聞法，異說紛紜，查檢聖典也各有所宗，莫衷一是。很想得到總賅三乘學說的《瑜伽師地論》，以求會通一切。於是立志西方取經，想到法顯法師和智儼法師，為了弘法利生，探求真理，曾先後至印度求法取經。大師認為應繼承先哲，立下了去印度取經的宿願，這個時刻逢到從印度來中國的佛教大德波頗密多尊者（西元六二六年）向大師介紹了印度那爛陀寺戒賢法師，在那裡大弘法化，傳授《瑜伽師地論》。肯定這部論是佛教三乘學說大乘的體系道理。因此，就在唐朝貞觀三年（西元六二九年）修本請奏，決志自行，但沒有獲得批准，為了求法心切，只好從長安潛行出關，白晝隱伏，夜間趕路。正值八月秋高氣爽的大好時光，邁向了萬里征途，歷盡艱難險阻，飽嘗風刀冰劍，以驚人的毅力，百折不回的壯志，在冰天雪地與荒漠之中，渡過了漫長歲月。根據《慈恩傳》記載，大師在四川時，曾於路上看到一位病人，滿身生瘡，臭污難聞，大師心生憐憫，把他帶到寺裡，請醫生治病，又給衣服和飲食，多方照顧。想不到，這位病患深感大師的慈悲胸懷，就傳授大師《般若波羅蜜多心經》。大師於是發心修持，到處宣講《心經》妙義。大師在前往印度取經，出關經過莫賀延迹地方，遇到任何困難危厄的狀況，虔誠一心誦念觀世音菩薩名號及《心經》。所以感應道交不可思議，所有災難，當下都得消除，轉危為安，使《心經》風行於世，深得廣大教徒的受持讀誦，信受奉行，消災避難，所以說《心經》的功德，真是無量無邊不可思議，我們應當終身持誦，必然深得廣大靈感。大師在西行印度取經的前進路上，涉千山萬水，懸崖峭壁，終於抵達中印度，在佛成道處摩竭陀國，那裡有一座那爛陀寺（註十二），大師就在此寺研鑽各種經典。《心經》不但是三世諸佛心要法門，也是觀世音菩薩的慈悲靈感，有求必應，大師普勸眾生要受持這卷《心經》。

《心經》在《大般若心經》第四百零一卷到第四百零五卷中間的四個品裡，就是佛與舍利弗兩人的問答，關於般若行的功德中間，攝要提出來的一段，作為單行本來流通，即是大師所譯《大般若經》的第二分初，《緣起品》、《歡喜品》、《觀照品》、《無等等品》經文的心要法門，簡明扼要，只有二百六十字，是《大般若經》六百卷的核心，所以稱為《心經》，是大師在貞觀二十三年（西元六四九年）翻譯。大師在那爛陀寺戒賢（註十三）師父處學了五年，對於瑜伽學說有了更深刻的認識，又在枝林山勝軍居士處學了兩年，把瑜伽學說一些疑難問題徹底瞭解，大師也在各地參學，對於大小乘各學說，理解透澈，融會貫通，造詣甚深，使他在印度聲譽極高，素有「大乘天」的尊稱。由於大師知識淵博、辯才無礙，到處開闢論壇，戰勝眾多婆羅門教徒，成為聲名顯赫的論師。大師在印度走遍一百二十八個大小國家，度過十七年的漫長歲月，精通梵文和佛陀要義。唐貞觀十九年（西元六四五年）正月二十四日回到長安，攜回梵文本子三藏聖教，共有五百二十個夾子，總計六百五十七部，以二十四匹駝馬，負載歸來。

二月間，大師進謁唐太宗於洛陽行宮，以極其隆重的儀式迎接，奉詔在西京弘福寺開設譯場，召集具備有翻譯能力之大德沙門共同從事工作。經過十九年孜孜不倦的努力，共譯出佛經七十五部，一千三百三十餘卷。大師、鳩摩羅什、真諦以及不空，被稱為中國譯經的四大譯師。特別是《大般若經》於顯慶五年（西元六六〇年）正月初一，在西京玉華宮譯場裡面，開始翻譯，梵本共有二十萬頌。佛在這個地方說此經，第一是王舍城的鷲峰山；第二是舍衛國的祇樹給孤獨園；第三是他化自在天；第四是王舍城的竹林園。共有四處十六會。直至龍朔三年（西元六六三年）冬天才把《大般若經》六百卷全部翻譯完畢。大師才合掌歡喜的說，這部《大般若經》，乃是鎮國之基，人天大寶。大師六十二歲，由於二十多年來的翻譯艱巨工作，功德圓滿，就安然圓寂。大師是中國歷史上最傑出的文學家、旅遊家、翻譯家、思想家，大家稱他為「唐僧」或「唐三藏」。大師所著《大唐西域記》十二卷，內載西域、印度、錫蘭、一三八國家的歷史、地理、宗教、神話傳說、風土人情等。親踐者一百一十國家，傳聞者二十八個國家。該書在佛教史學及古代西域、印度、中亞、南亞之歷史、地理、文化上，乃至中西交通史料上，均富有極高之價值，至堪珍視，甚為歐美、日本等學者所重視。大師立下了偉大的功勳事蹟，值得我們佛教徒永遠尊敬、崇拜。

附註

註一：中國佛教之初傳入者，中印度人。又稱攝摩騰、竺攝摩騰、竺葉摩騰。博通大小乘經典，爲我國譯經之濫觴，亦爲東土有佛法之始。和法蘭宣揚佛德。

註二：東漢僧，中印度人。諷誦經論數萬章，爲天竺學者之師。與大月氏僧迦葉摩騰結伴前來中國，居於洛陽白馬寺，兩人合譯四十二章經。

註三：東漢之比丘尼，洛陽人。爲我國最早受三歸依之出家尼之一。據大宋僧史略卷上東夏出家條載，漢明帝（西元五十八－七十五年在位）允許陽城侯劉峻等出家，及洛陽婦女阿潘等出家，是爲僧、尼之始。

註四：授戒儀式分初壇正授、二壇正授、三壇正授三階段。初壇授沙彌、沙彌尼戒；二壇授比丘、比丘尼戒；三壇授出家菩薩戒。有意出家者必須受足此三壇大戒，始被公認爲合格之大乘出家人。

註五：又作曇柯迦羅、曇摩柯羅、曇柯羅。中印度人，自幼聰敏，通解四吠陀，自謂天下文理悉在心復之中。後閱阿毘曇心論，始悟因果之理妙達三世，自此摒棄世樂，出家精進，誦大小乘經典及諸部律藏。

註六：我國佛教初期之譯經僧。爲印度西北、波斯（伊朗）之古王國（安息）王子。幼時即質敏性慈，博學多聞。父歿後，捨其王位而皈依佛門，博曉經藏，尤精通阿毘曇學與禪。所譯之經，義理明晰，文字允正，辯而不華，質而不野。我國早期佛學之流布，由其奠定基礎，且將禪觀帶入我國之第一人。

註七：漢代譯經僧，又稱支讖。大月氏（中亞古國）人。爲第一位在我國翻譯及傳布大乘佛教般若學理論之僧人。於所譯諸經中，以道行般若經最爲重要，乃般若經系各種經典中最早之譯本。師操行淳深，性度開敏，稟持法戒，以精勤著稱。

註八：漢譯為定、正受、息慮凝心之意。《大智度論》卷五有云：「善心一處住不動，是名三昧。」卷二十八又云：「一切禪定，亦名定，亦名三昧。」以聲聞乘而言，三昧即指九次第禪定；以大乘菩薩而言，三昧是涵蓋聲聞的次第禪定，更是如《六祖壇經．定慧品》所說的「定慧一體」，而且更重視慧。

註九：苻堅（西元三三八－三八五年），屬氐族，十六國時期前秦的君主。前秦苻堅統一北方，發動肥水之戰，欲一舉攻滅東晉，但卻遭遇敗戰，各地部族重新獨立建國，苻堅本人則被部將姚萇（ㄔㄤˊ）殺害。

註十：道宣（西元五九六－六六七年），唐代律僧。又稱南山律師、南山大師。為南山律宗之祖。十六歲出家，先後隨日嚴寺慧顒、大禪定寺智首學律。研究弘宣四分律，其宗派稱南山律宗。亦參與玄奘之譯場，嚴守戒品，深好禪那。生平獎掖後進，德行淳厚，緇（ㄗ）素共仰。

註十一：東晉名士，博學多聞，以文章、史才著名。荊州刺史桓溫有謀反之跡，乃作漢晉春秋五十四卷以規諫之。結交高僧道安法師，自號「四海習鑿齒」，道安乃以「彌天釋道安」答之，為時人所稱美之名號酬答。

註十二：為古代中印度摩揭陀國首都王舍城北方之大寺院，成為規模宏大之佛教寺院及佛教最高學府。本寺為七世紀印度第一大寺，僧徒常達萬人。蓋本寺初為唯識學派之中心，其後演變為密教之一大中心。

註十三：戒賢，西元六、七世紀間，大乘佛教瑜伽行派論師，為印度摩竭陀國那爛陀寺之住僧。師長期弘傳唯識教義。玄奘西遊時，師年已百餘，時為那爛陀寺大長老，玄奘師事之，且傳習其法。

第二章 大慈大悲的觀世音菩薩

第一節 菩薩因何名「觀世音」

觀世音菩薩（梵名 Avalokite’svara），又有觀自在、觀世自在、光世音、觀音等名，又被稱為救世菩薩、救世淨聖、施無畏者、蓮華手、普門、大悲聖者。在大乘佛教中，最為人所熟知的菩薩，以大悲示現，誓願拔除一切有情苦難，循聲救苦，不稍停息。有關觀世音菩薩的名號，主要為「觀世音」，但是在《注維摩詰經》卷一中曾列舉羅什的說法，認為：「世有危難，稱名自歸，菩薩觀其音聲即得解脫也，亦名觀世念，亦名觀自在也。」依此可知，鳩摩羅什也承認「觀世音」有「觀自在」的意義。唐朝的窺基大師在《般若心經幽贊》卷上中認為：「觀」是照之義，即了達空有的智慧；「自在」為縱任之義，即所得的勝果。過去廣行六度，現在得證果圓，慧觀為先而成為十種自在。

十自在是指：⑴壽自在：能延保性命⑵心自在：生死無染⑶財自在：能隨意樂而現，布施所得⑷業自在：唯作善事及勸他人為善⑸生自在：隨意欲能往，由戒行所得⑹勝解自在：能隨欲變現，由安忍所得⑺願自在：隨觀所樂而成就，由精進所得⑻神力自在：起最勝神通，由定力所得⑼智自在：隨順言音智慧⑽法自在：於契經等，由智慧所得。

窺基又認為，觀世音菩薩位階為補處菩薩，修道成證等覺位，具足上述十種自在的勝果，故以名為「觀自在」。關於觀世音菩薩的名號，古來有多種不同的譯法，根據學者的研究，依年代有下列情形：

1.古譯：

⑴觀音—後漢支曜譯《成其光明定意經》。

⑵闚（ㄎㄨㄟ）音—吳支謙譯《維摩詰經》。

⑶觀世音—曹魏康僧鎧（ㄎㄞˇ）譯《無量壽經》。

⑷光世音—西晉竺法護譯《光世音大勢至經受決經》。

(5)現音聲—西晉無羅叉譯《放光般若經》。

2.**舊譯：**

(1)觀世音、觀音—後秦鳩摩羅什譯《妙法蓮華經》、東晉佛陀跋陀羅譯《華嚴經》、劉宋畺（ㄐㄧㄤ）良耶舍譯《觀無量壽經》、劉宋曇無竭譯《觀世音菩薩授記經》。

(2)觀世自在—後魏菩提流支譯《法華經論》。

3.**新譯：**

(1)觀自在—唐玄奘譯《大般若波羅蜜多經》、唐實叉難陀譯《華嚴經》、唐菩提流志譯《大寶積經無量壽如來會》、宋法賢譯《大乘無量莊嚴經》。

(2)觀世音、觀音—唐般剌密帝譯《首楞嚴經》。

(3)觀世自在—唐善無畏譯《大毗盧遮那成佛神變加持經》。

所謂古譯是指鳩摩羅什以前的翻譯，羅什相關年代至玄奘前稱為舊譯，玄奘時的翻譯則稱為新譯。這些翻譯中以觀世音、觀自在為最主要，也為現時所通用。

「阿縛（ㄈㄨˊ）盧積多伊濕成羅」，漢譯觀自在。指菩薩觀有住有，觀空不住空，聞名不著於名，見相不惑於相，心不能動，境不能隨，動隨不亂其真，自在無礙之智慧。舊譯阿那婆婁吉低輸，漢譯觀世音。觀，能觀之智，能所圓融，有無兼暢，照窮正性，察其本末。世音，所觀之境，萬象流動，隔別不同，類音殊唱，俱蒙離苦。

一、菩薩因何名觀世音，根據衆經，現取三說：

（一）《悲華經》：寶藏如來尋為授記，「善男子！汝觀人天及三惡道一切眾生，發大悲心。欲斷眾生諸煩惱故，欲令眾生住安樂故，善男子！我當字汝為觀世音。」此說菩薩因地具大悲心，普令眾生離苦得樂，因此寶藏佛為其命名觀世音。

（二）《楞嚴經》：「恒沙劫前，有佛住世，名觀世音。由我所得，圓通根本，發妙耳門，然後身心，微妙含容，周徧法界。」當時觀世音如來，在大會中，為我授記觀世音號。由我觀聽十方，圓明無礙，如聲逾垣（ㄩㄢˊ），如月印水，有感必應。故觀世音之名，徧聞十方世界。此約菩薩因地修行法門而言。一切眾生，向外分別聲聞，生毀譽心，起貪嗔（ㄔㄣ）癡，造淫殺業，受三途苦。菩薩耳根不向外聞，反聞耳根能聞的聞性，功夫成熟，六根應時銷溶，寂滅現前，證圓明三昧，上同諸佛，下化眾生，隨緣施設，無不自在。

（三）《法華經》：「佛告無盡意菩薩，善男子！若有無量百千萬億眾生，受諸苦惱，聞是觀世音菩薩，一心稱名，觀世音菩薩，即時觀其音聲，皆得解脫。」此約菩薩利生法門而言，即通常說的尋聲救苦。

觀世音菩薩的相好：

根據《佛說觀無量壽佛經》記載，觀世音菩薩的相好如下：

身長：八十萬億那由他由旬。

頭頂：有肉髻。

冠：以毗楞伽摩尼寶為天冠。天冠中有立化佛，高二十五由旬。

面：如閻浮檀金色。

眉間毫相：各七寶色，流出八萬四千種光明，一一光明，有無量無數化菩薩以為侍者，變現自在，滿十方界。

項：項有圓光，四周各有千由旬。圓光中有五百化佛，為釋迦牟尼。一一化佛，有五百化菩薩，無量諸天，以為侍者。

臂：如紅蓮花色，有八十億微妙光明以為瓔珞（ㄧㄥ ㄌㄨㄛˋ）。其瓔珞中，普現一切諸莊嚴事。

手掌：作五百億雜蓮花色。

手指：手一指端，各有八萬四千畫，猶如印文。一一畫中，有八萬四千色；一一色中，有八萬四千光。其光柔軟，普照一切。以此寶手，接引眾生。

舉足：足下有千輻輪相，自然化成五百億光明。

下足：有金剛摩尼華，佈散一切，莫不彌滿。

首：或現一首、三首、五首、七首、九首、十一首、如是乃至一百八首、千首、萬首、八萬四千爍迦羅首。

臂：二臂、四臂、六臂、八臂、十臂、十二臂、十四、十六、十八、二十、至二十四、如是乃至一百八臂、千臂、萬臂、八萬四千因陀羅臂。

目：二目、三目、四目、九目，如是乃至一百八目、千目、萬目。八萬四千清淨寶目。或慈、或威、或定、或慧，救護眾生，得大自在。

又根據《楞嚴經》記載，觀世音獲得耳根圓通，能使見聞知覺渾然圓融，交徹互用，為一為多，隨意自在，能現無數妙容，能說無邊神咒。

在無量劫以前，有一位佛，名為觀世音佛，其時觀世音菩薩尚是凡夫，未證菩薩位，他向觀世音佛發菩提心，佛便教他如何修持。

二、什麼叫做「菩提心」呢？

菩提心即是「覺心」。凡夫迷，因迷起妄，由是不斷論迴。例如世人多執著財富，甚至認為財富即是幸福的源頭，這便是迷；因追求財富，便不惜妄作妄為，欺詐與暴力即由是而起，遂產生惡業，由業力牽引而墮輪迴。不但惡業可牽引輪迴，善業亦如是。若一旦行善，便生顛倒夢想，希求行善即得善報，這種善業便成為輪迴的牽引力，充其量使人輪迴往善道，如天道、人道、阿修羅道。

要擺脫輪迴，必須生起菩提心，覺知世人之迷都是妄作，由是認識到眾生痛苦的根源。能有此認識，便是出世間的智慧。可是光有智慧還不夠，須同時生起慈悲心，用自己的出世間智慧來悲憫眾生，使之亦能解脫，這就叫做「智悲雙運」，如此發心，即是發菩提心。

當觀世音菩薩向觀世音佛發菩提心時，佛便告訴他一個法門——「從聞、思、修入三摩地（註一）」，這即是由傾聽法界一切聲音，得證覺性的法門。一般人傾聽聲音，都是由外界的「聲塵」觸發，觸動耳根，由耳識認知聲音，這個過程，是一種「動相」，妄心即由是生起。有妄心就不能得「正定」入「三摩地」。因由靜可以得定，但這種定卻未必正，而「三摩地」卻是正定。

觀世音初修「聞」時，能修至「入流亡所」，才能「動靜二相了然不生」，由是得正定。什麼叫做「入流亡所」呢？簡單來說，便是對一切所傾聽的聲音，無論外在內在，皆不執著，不去領會這是風聲，那是心臟的跳動聲，甚至不去領會一切聲音寂然的靜相，這才得到入正定（三摩地）的基礎。觀世音依此基礎修持，直至「聞所聞盡，盡聞不住」，終於體會到真實的空性，即是掌握到法界的本質，一切法皆於空性基上自顯現，聲音也無非如此，由是而證菩提。所以從深義來說，觀世音菩薩的「觀世音」，不只是觀照世間的聲音加以救濟，而是由觀照世間的聲音這法門而得道。為什麼我們說「觀照」世間的聲音，而不說「傾聽」世間的聲音呢？那是這個法門，絕非憑耳聽而能入，必須用心去觀，才能達到「盡聞不住」的境界，即是對盡其所聞的一切聲音，都不在執著與分別，亦不著於聲塵之相。由「聞」而得道，叫做「耳根圓通」，最重要的還是心，修耳根畢竟仍在於修心。

諸佛菩薩之中，數應化身之多，以觀世音為最，這是顯密二宗所公認。一般情形，顯宗不弘揚密宗的佛菩薩，密宗也不弘揚顯宗的佛菩薩，相信觀音是例外，兩宗都很重視觀音。每一所顯宗的寺廟，大抵都有一座觀音殿；每一所密宗的寺廟，也一定有觀音「六字大明」的咒輪，由此可見觀音法緣之廣。觀音有如斯廣大的法緣，主要在於他許下弘願，用種種應化身來化度眾生。他的化身，遍天人六道，而且即使在人間，他亦化身無盡，用以適應各個階層人士。應化身如此廣大，法緣自然廣大。

天台宗的智者大師，根據經論，說有六觀音，分別救度六道眾生，這六觀音是——

大悲觀音，能破地獄道障。

大慈觀音，能破餓鬼道障。

獅子無畏觀音，能破畜生道障。

大光普照觀音，能破阿修羅道障。

天人丈夫觀音，能破人道障。

大梵深遠觀音，能破天道障。

這六觀音，即是觀音菩薩在六道中的示現，也就是應化身普及六道的證據。觀音在《普門品》中自己說，他要救度什麼人，便示現什麼身，所以他現地獄身、餓鬼身、畜生身，便是很自然的事。

整篇《普門品》，主要是佛說觀音菩薩的化身：

「佛告無盡意菩薩：善男子，若有國土眾生，應以佛身得度者，觀世音菩薩即現佛身而為說法；應以辟（ㄆㄧˋ）支佛身得度者，即現辟支佛身而為說法；應以聲聞身得度者，即現聲聞身而為說法……。」

這樣一路數下去，觀音還示現梵王身、帝釋身、自在天身、大自在天身、天大將軍身、毗沙門身、小王身、長者身、居士身、宰官身、婆羅門身、比丘比丘尼優婆塞優婆夷身、婦女身、童男童女身、天龍夜叉乾闥（ㄊㄚˋ）婆阿修羅迦樓羅緊那羅摩睺羅伽等天龍八部身、人身、非人身、執金剛神身等，這即是所謂「三十二應化身」。這裡頭雖然沒有說到地獄、餓鬼、畜生，然而若依照經文的精神，我們亦沒有理由說觀音不會示現地獄、餓鬼、畜生相。因此，學佛的人，於初發菩提心時，便已經要將六道眾生視為觀音菩薩的示現。

密宗所說的六觀音，跟天台宗智者大師的說法不同，分別為：

⑴**聖觀音**

⑵**千手千眼觀音**

⑶**馬頭觀音**

⑷十一面觀音

⑸**如意輪觀音**

⑹**準提觀音**（准胝（ㄓ）觀音）

在密宗六觀音中，與漢土眾生最有緣的，無過於千手千眼觀音了，許多人誦念《大悲咒》，此咒即是千手千眼觀音宣說的真言。密宗雖然沒有將六觀音分配救度六道，可是卻將「六字大明」分配救度，六字大明即是——

嗡瑪尼（ㄨㄥ　ㄇㄚ　ㄋㄧ）唄咩吽（ㄅㄟ　ㄇㄟ　ㄏㄨㄥˋ）。

第二節　觀世音菩薩的特質

觀世音早已成佛，佛號「正法明如來」，但是，為了濟度一切眾生，所以倒駕慈航，示現菩薩之身。在《千手千眼大悲心陀羅尼經》中說：「觀世音菩薩，不可思議威神之力；已於過去無量劫中，已作佛竟，號正法明如來。大悲願力，安樂眾生故，現作菩薩。」而當時釋迦牟尼佛在其座下為苦行弟子，由此亦可見佛法的平等無二。

阿彌陀佛的兩大脇（ㄒㄧㄝˊ）侍為觀世音與大勢至菩薩，他倆輔佐阿彌陀佛教化眾生。根據《悲華經》記載，未來西方極樂世界阿彌陀佛涅槃之後，觀世音菩薩將補佛位，名為「遍出一切光明功德山王如來」，而他的淨土稱為「一切珍寶所成就世界」，比起現在的極樂世界，更加莊嚴微妙，不可思議。

一、寓智於悲的觀自在菩薩

觀世音以大悲救度眾生為主要德行，蘊藏於大悲之後的是無邊大智。在佛教界最廣為流傳的智慧經典《般若波羅蜜多心經》，即是由觀世音所宣說，所謂：「觀自在菩薩，行深般若波羅蜜多時，照見五蘊皆空，度一切苦厄。」即是說明觀世音深透般若波羅蜜多的智慧，因而能度化一切苦厄。

此外，觀世音也是代表眾生心靈最深處的內在覺性，他不是來觀照他人的音，而是讓每個人觀照自己的音，若能覺察到內在的覺性時，自己就是觀世音。「觀自在」是指每一個生命能不被任何的束縛、煩惱所糾纏而得到大自在。

二、普門示現觀世音

觀世音另一個特色，為普門示現，也就是表示，不管眾生有任何的需求，觀世音就會示現出相應於那類眾生的角色，來救度他們。觀世音由普現色身三昧現起的不可思議變化身，恒常在十方世界作無邊的救濟，使苦難眾生得到無限的安慰與清涼。這種大慈大悲的精神，使許多立志行菩薩行的生命心之嚮往，總希望在得到觀世音救助之餘，也發願與其同悲同力，效法偉大的觀世音行逕，在十方世界救度一切有情。

觀世音是無限的慈悲心與般若正智圓融無二的具體表現，他無剎不應的示現，使他成為和我們娑婆世界眾生最為相契的菩薩。有句俗話說：「家家阿彌陀，戶戶觀世音」，正是這種現象的最佳寫照。在中國歷史上，觀音秉持著尋益救苦的悲願，不斷的示現救度有情眾生。所謂「眾生被困厄，無量苦逼身；觀音妙智力，解救世間苦」，觀世音必定應於迷惑苦惱眾生的需求傾下清涼的甘露，施予救濟；而許多嚮往菩薩生命界者，願具足觀世音的無限悲願威力，作為觀音使者，持志大悲觀音的救世大行。

三、布施無畏的勇者

因於觀世音的大悲救濟，所以又被稱為「救世尊」、「救世大悲」者。又由於他做為眾生的依怙，而使之不生畏怖，所以又稱為施無畏者。他是等覺位的大菩薩，其原本相貌自然為勇猛的大丈夫相，但是現今一般人都以為觀世音是女身。然而由於觀世音普門示現，可以隨類現身，自然也可示現女相。事實上，觀世音所顯現的無邊相貌中，女身不過為其中一種。以隋、唐時代的觀音像與日本的觀音像為例，很多形相都蓄有鬍鬚；但由於觀世音以慈悲應代，有柔和愛語的母性特質，為此他的塑像也就有了女性的表徵。

第三節　觀世音菩薩的過去生

在《悲華經》中說：往昔過恒河沙等阿僧祇劫，有佛世界名叫刪提嵐（註二），此世界在善持大劫時，有轉輪聖王名叫無諍念，這就是阿彌陀佛的過去生。無諍念有個兒子，大兒子名叫不眴（ㄒㄩㄢˋ），這就是觀世音菩薩的過去生，那時的佛名號為寶藏如來。

有一次，無諍念王與他的幾個兒子一起供養寶藏如來及所有的比丘僧，達三個月，供養完畢大家各發願，將供佛的福報，迴向來世實現，他們有的願發作忉（ㄉㄠ）利天王，有的發願作天上的梵王，有的求取大財富，有的祈求解脫的聲聞，而無諍念王自己還是祈願自己再成為轉輪聖王。這些願望當中都是人天福報之願，最多只到聲聞而已，並沒有發心迴向成佛者。轉輪聖王有一位大臣名叫寶海，是一位有見識的高人，常到處勸人發起廣大菩提心，甚至勸天龍鬼神要歸依三寶、要發菩提心，很多眾生也因此而志求大乘發菩提心。

當無諍念王和他的王子們各自迴向祈願之後，這天夜裡，寶海大臣就做了一個夢，在夢中見到十方恒河沙佛，每一尊佛都持蓮花給寶海，還有各種不可思議的瑞相出現，但是他卻看到無諍念王變成人形豬面，身上沾滿血跡，四面八方到處奔馳，吃食各種蟲類，等到吃飽，竟然有無量眾生來爭食轉輪聖王的身體，就這樣，死亡了再投生，依然是人形豬面，再被眾生吃掉身體，投生再死亡，寶海越看夢中的景像越感覺恐怖。不僅如此，他也看見諸位王子，有的是象面、有的是水牛面、獅子面、或是狐、狼、豹面、豬面等，他們也都噉（ㄉㄢˋ）食無量眾生，接著又被無量眾生所食，跟他們的父親一樣，生復死，死復生，世世皆是如此。

寶海從夢中驚醒，便立刻到寶藏如來處，將夢境請教如來。如來告訴寶海梵志，這是由於無諍念王和王子們雖然修福，卻一心求取世間的福報，以致在福報享盡之後，又落入惡趣輪轉，於是佛陀又向寶海梵志宣說投生六道的種種苦處。於是寶海就把夢中所見及如來的教誨，逐一告訴轉輪聖王以及太子們，勸其要發起成就佛道的菩提心，不要只求人天福報而已。國王和太子聽從寶海的勸告，決定重新思惟發願。太子不眴特別看到眾生的苦惱，不禁感嘆：「我今觀察地獄眾生，有各種苦迫煩惱，而人道天道的生命，多有染垢之心，經常墮於地獄、餓鬼、畜牲等三惡道中。」他心中又想：「這些眾生由於沒有親近具足正見的善知識，故而退失正法，墮在黑暗深淵，運用自己的善根，攝取邪曲的知見，來矇蔽自己的心，行於邪道。」

不眴太子看到眾生在苦中復苦，造罪業、受惡報，又再造罪，輪迴不休，不得脫出，於是他就在寶藏如來前發起大志願：「世尊！現今我以大音聲告訴一切眾生，我的所有一切善根，廣皆迴向成就無上正等正覺，願我行菩薩道時，如果有眾生，受到一切苦惱恐怖等事，退失於正法，墮在大暗處，憂愁孤苦貧窮，無有救護，無有依止無有房舍，如果能憶念我，稱念我的名號，如果為我天耳所聽聞，天眼所觀見，如是眾生，如果不能除滅苦惱者，我終究不能成就佛果境地。」

不眴太子這樣發願後，寶藏佛就讚歎的說：「善男子！你能觀察天人及三惡道一切眾生，讓他們生起大悲心，幫助他們去除一切煩惱，使其安住究竟快樂。」同時，如來也授記他將來必成佛：「善男子！現在稱呼你為觀世音，你在行菩薩道時，已經有百千無量億那由他眾生，得以脫離苦惱。你為菩薩時，已經能大作諸佛之事業，在無量壽佛入於涅槃之後，其淨土就轉名為『一切珍寶所成就世界』……你在後夜，於菩提樹下坐於金剛座，一念間成就等正覺（如來），號為『遍出一切光明功德山王如來』。」

這是久遠以前，阿彌陀佛和觀世音菩薩互為父子的關係，而且共同發心的一般故事。

第四節 觀世音菩薩的形象

佛經上說，觀世音是「善男子」出身，如《華嚴經》中敘述善財童子到普陀洛迦山，拜見這位大菩薩時，「見岩谷林中金剛石上，有勇猛丈夫觀自在，與諸大菩薩圍繞說法」。由此可見，善財童子見到的觀世音，是威武的男性形象。此外，在《悲華經》說觀世音原是轉輪聖王的大王子不眴，長得英武挺俊的男相。

從印度阿旃（ㄓㄢ）陀古石窟壁畫中，有一幅「持蓮花的菩薩」，十分傳神地顯示出觀世音大慈大悲的動人豐姿。觀音身穿透明的薄衣，頭戴高高的寶冠，上有鏤（ㄌㄡˋ）金的蓮花與茉莉花，右手拿著一朵蓮花，兩眼凝視著手中的蓮花，神情安詳閒適、圓覺無礙，顯得無上寧靜。這幅觀音像既有男性的特徵，又有女性的慈祥和嫻雅。中國早期的觀音造像，也都作男相。我們從甘肅敦煌莫高窟的壁畫和南北朝的木雕觀音像來看，這幾位菩薩均為男相，而且男性特徵，具有髭鬚（ㄗ ㄒㄩ），十分明顯。如鄂西玉泉寺，就有一尊長著鬍鬚的觀音像。該寺大雄寶殿北面，有一通觀音碑，觀音亦作天男相。據清刻《玉泉寺志》記載，這幅嘴角上有三綹（ㄌㄧㄡˇ）鬍鬚的男觀音像，係唐代著名畫家吳道子所畫。觀音手托飛轉的法輪，頭戴寶冠，面如滿月，衣袂（ㄇㄟˋ）拂動，大有「吳帶當風」之貌，不愧出自大手筆。

胡應麟《筆叢》認為：「女像觀音造像始於南北朝。」因到了南北朝末期，中國寺院中的觀音像，始由魁偉的男身逐漸轉為美麗的女身。這句有理論根據。《法華經》說：「觀音能顯示三十三種應化身形，為眾生說法。」其應以長者、居士、宰官、婆羅門婦女身得度者，即現婦女身而為說法。《楞嚴經》說：「觀世音尊者自佛言：『若有女子好學出家，我於彼前現比丘尼身、女王身、國王夫人身、命婦身、大家童女身，而為說法。』然而，觀音從男相變為女相的變化，有些突如其來，雖可從觀音三十三化身中的女性相找出依據，但或許還有政治、宗教、文化、風俗等幾種原因：

第一、佛典上都說菩薩是「善男子」出身，他們的變相是「非男非女」。在長期的歷史演變過程中，菩薩變相很容易地就成了女性相。因女性的形象，較能象徵慈悲、善良、聰敏和美麗的特質，與觀音「大慈大悲」的德行相吻合。

第二、南北朝時期，佛教在中國迅速發展，比丘尼和優婆夷（在家佛教女信徒）人數驟增，甚至有些后妃和貴婦人，也篤信佛教，其中就有北魏的靈太后（註三）。世俗統治階級中有許多佛教女信徒，而在極樂世界中卻沒有一個女性形象的佛和菩薩，未免使她們失望。況且，在封建傳統倫理觀念很深的中國，在信佛的婦女房中，供奉一尊男性佛像或菩薩像，也有悖於「男女授受不親」的正統思想。而將觀音塑為女相，正好迎合了佛教女信徒的宗教需求。

第三、對於懷著女性特有願望，如懇求保佑懷孕得子等，而去寺院祈求的婦女來說，女菩薩除了擁有男菩薩同樣的法力外，還能顯示男菩薩所沒有的神通，如送子等。因此，有了女相菩薩，就可以擴大宣傳佛法的影響，尤其能吸引廣大女信徒。

第四、古代亞洲一些民族男著女裝的習俗，也對觀音女性化產生一定的影響。如唐《太宗實錄》記載：「太祖七年戊寅，妖人卜大伏誅，上服女服為覡（ㄒㄧ）。」又如《高麗史．玄德秀傳》記載：「有吏執女巫與其夫至。德秀曰：『此巫非女，乃男子也。』同僚笑曰：『非女安得有夫乎？』德秀裸視，果男子也。」上述男著女裝的習俗，可能也促使佛教徒將男菩薩打扮作女相。

有關觀音的形象，「正史」中也有記載：如《北齊書．徐之才傳》所記：北齊武成皇帝有一次臥病，曾夢見空中有一片五彩繽紛的祥雲徐徐而來，到了近前，變成一位亭亭玉立的美婦人，身高數丈。過了一會兒，變為觀世音。這件傳說一直在民間流傳，為佛教信徒、尤其是女信徒所接受。

觀音的造像，傳入中國初期，一般不穿僧衣，裸露著上身，而且還蓄髭鬚、留長眉。到了隋朝，出現了一種「非男非女」相，圓盤臉，柳葉眉，丹鳳眼，櫻桃嘴，但卻有蝌蚪形的小鬍子。觀音慈祥、俊秀、典雅、飄逸、健美的女性形象，到唐代已基本定型：翠眉如月牙、鳳目微張、櫻桃小口；頭戴香寶冠，高髻（ㄐㄧˋ）或垂鬟（ㄏㄨㄢˊ）髻，散落下來的長髮垂於肩上；斜披天衣，或上身裸露。北宋以後，隨著佛教的進一步民族化、風俗化，觀音的形象更加清秀，圓臉變長；身著帶袖天衣、袒胸、有披巾；戴項飾、瓔珞、臂釧等裝飾品；腰束貼體錦裙或羅裙；兩足豐圓。「女相觀音」就這樣站穩了腳跟。所以，我們現在看到的觀音「標準像」，就無一不是女性的形象。

東晉時期，名畫家兼雕塑家戴逵（ㄎㄨㄟˊ），和他的次子戴顒（ㄩㄥˊ）一起在山陰（今浙江紹興）靈寶寺，塑製了阿彌陀佛及觀世音、大勢至菩薩的塑像，創造了中國觀音造像的先河。

被譽為世界上保存得較完備的「佛教美術館和佛教圖像寶庫」的敦煌莫高窟，以觀音為題材的壁畫，就有「水月觀音圖」、「千手觀音變圖」、「不空羂索觀音變圖」、「如意輪觀音變圖」、「觀音經變圖」等。在這些壁畫中，觀音像可謂千姿百態，風格也不盡相同。

「觀音普門品壁畫」，是敦煌莫高窟著名壁畫之一，以《妙法蓮華經．觀音普門品》為依據，描繪念誦觀音名號者得到這尊菩薩護佑的故事，用以宣揚觀音的法力無邊。

　　龍門石窟的「楊枝觀音像」，塑造於北魏孝文帝遷都洛陽前後，是中國古代女相觀音較早的代表作。觀音頭戴寶冠，右手執麈尾，左手所托淨瓶依著肩頭，顯得嬌柔無力。這尊觀音像雖然年代久遠而有所損壞，但依然可見其優美動人的形態與嫵媚的姿容，這種美好的形象，給後世很大啟迪。經過唐代大畫家吳道子、閻立本手繪，其形象就更完美傳神。

　　一九四〇年，上海靜緣社印行了《歷朝名畫觀音寶像》，輯有吳道子、李公麟、趙孟鋬(ㄆㄢˋ)、管道升、丁雲鵬、董邦達、改琦等歷代畫家所繪一百六十八幅觀音像，反映出各個時代塑造的觀音形象不同特點。觀音菩薩的故事，還被改篇成戲曲，在民間廣為流傳。諸如《觀音救父記》、《慈悲菩薩惜龍南海記》、《觀世音修行香山記》、《觀音菩薩魚籃記》等劇本，都是傳世的名作。《觀世音修行香山記》是元代作品，共分三十齣，全劇描寫了妙莊王的三公主妙善，從小吃素念佛，克服種種魔障，終成觀音菩薩的經歷。劇情融合印度佛教傳說與中國民間傳說，將佛教世界的菩薩及諸神漢化，使民眾更易於接受。《觀音菩薩魚籃記》是明代作品，共分四折一楔。主要內容是：觀音菩薩變化為漁姑，前去點化張無盡，他身為洛陽知府，卻貪戀酒色財氣，癡迷不悟，但他有菩提之根，一旦觀音以放魚歸水之道進行開導，他便覺醒，皈依佛門。

觀音菩薩的藝術形象，不但在元明戲曲中被塑造，在明清小說中也有所描寫，如《西遊記》、《封神演義》等名作中，觀音的形象屢屢出現。

第五節　觀世音菩薩的道場

據唐西天竺沙門伽梵達摩譯的《千手千眼觀世音菩薩廣大圓滿無礙大悲心陀羅尼經》說：觀世音已於過去無量劫中，已作佛竟，號正法明如來。大悲願力，為欲發起一切菩薩，安樂成熟諸眾生故，現作菩薩。說明觀音雖久遠劫來已成佛道，復不離寂光，垂形九界，隨類現形，尋聲救苦，應以何身得度者，即現何身而為說法。

觀世音與我們娑婆世界眾生特別有緣。佛在世時，他就是釋迦牟尼佛常隨菩薩之一。他的道場，可以稽查的，在印度有一處，在中國有兩處：

一、印度補怛（ㄉㄚˊ）洛迦山

據《華嚴經入法界品善財第二十七參訪觀自在菩薩章》說：

鞞（ㄅㄟˋ）瑟胝羅居士告善財言：善男子！於此南方有山名補怛洛迦，彼有菩薩名觀自在，汝詣彼問：菩薩云何學菩薩行，修菩薩道？即說頌曰：「海上有山多聖賢，眾寶所成極清淨。華果樹林皆徧滿，泉流池沼悉具足。勇猛丈夫觀自在，為利眾生住此山。汝應往問諸功德，彼當示汝大方便。」

爾時，善財童子，漸次南行，至於彼山，處處求覓此大菩薩。見其西面岩谷之中，泉流縈映，樹林芬鬱（ㄩˋ），香草柔軟，右旋布地，觀自在菩薩於金剛寶石上，結跏趺（ㄐㄧㄚ　ㄈㄨ）坐，無量菩薩，皆坐寶石，恭敬圍繞，而為宣說大慈悲法，令其攝受一切眾生。

此說觀世音菩薩的道場，名補怛洛迦，住於南印海上。是一個島嶼。這裡自然環境優美，有各種華果樹林，有柔軟的香草，飛泉與鏡湖，交相映徹，真是一處海上仙島。無量菩薩圍繞，觀世音於金剛寶石上，結跏趺坐，對其宣說大慈悲法。說明慈悲是觀音法門的根本。《千手千眼無礙大悲心陀羅尼經》，對觀音道場也作了敘述：

一時佛在普陀洛迦山，觀世音宮殿，寶莊嚴道場中，與無央數菩薩、無量大聲聞、無量天龍八部神等，皆來集會。時觀世音密放神通光明，照耀十方刹土，皆作金色，日月之光，皆悉不現。

總持王菩薩見此，歎未曾有。問佛：如此神通之相，是誰所放？

佛言：今此會中，有菩薩名觀世音，從無量劫來，成就大慈大悲，善能修習無量陀羅尼門，為欲安樂諸眾生故，密放如是大神通力。

此說普陀洛迦山上，有觀世音宮殿。釋迦牟尼佛在此山與觀世音菩薩等無央數菩薩、聲聞、天龍八部聚會說法。觀世音除成就大慈悲外，還善能修持無量陀羅尼門，密放神通光明。唐代玄奘大師到印度時，曾到普陀洛迦山瞻仰觀音聖地。《大唐西域》卷十寫道：

秣（ㄇㄛˋ）剌耶山，東有布怛洛迦山，山徑危險，岩谷奇傾。山頂有池其水澄鏡，派出大河，周流繞山二十匝，入南海。池側有石天宮，觀自在菩薩往來其間。其有願見菩薩者，不顧身命，歷水登山，忘其艱險，能達之者，蓋亦寡矣。而山下居人，祈心請見，或作自在天形，或為塗灰外道，慰喻其人，果遂其願。

玄奘所記的布怛洛迦山，陡峭挺拔，一般凡人難以攀登，唯觀自在菩薩往來於此。觀自在菩薩常現自在天形，或塗灰外道，慰喻世人使其所求，得到滿足。說明應以何身得度者，菩薩即現何身而為說法。

布怛洛迦，梵文 **potalaka** 音譯為補怛洛迦、普陀落迦、布達拉等。意譯為光明山、海島山、小花樹山等。慧苑著《新翻華嚴經音義》卷下：「此翻為小花樹山，謂此山中多有小白花樹，其花甚香，香氣遠及也。」此山被定為現今印度西高止山南段，秣剌耶山以東的巴波那桑山 **papanasam**，位於提納弗利（**Tinnevery**）縣境。北緯八度四十三分，東經七十七度二十二分的地方。中國藏族僧人多羅那他（西元一五七五—一六三四年）（註四），名著《印度佛教史》記載：優婆塞寂光、月宮，曾到此山巡禮。浙江省的普陀山與西藏拉薩的布達拉，均由此得名。

觀世音菩薩在此山為無數菩薩、聲聞、天龍八部說法外，還常隨釋迦牟尼佛到各地說法。如《十一面神咒心經》說：佛在室羅伐竹林道場，觀自在菩薩和無量俱那庾多百千持咒神仙前後圍繞。《請觀世音菩薩消伏毒害陀羅尼經》說：佛在毗舍離，庵羅樹園，大林精舍，與千二百五十比丘，菩薩二萬人俱。時毗舍離國人民遇大惡病，阿彌陀佛與觀音、勢至，以大悲心，憐憫一切，救濟苦厄，俱到此國，住城門間，放大光明，照毗舍離，皆作金色。毗舍離人，即具楊枝淨水，授觀世音。觀世音大悲薰心說《破惡業障消伏毒害咒》。《觀世音菩薩得大勢至授記經》說：佛在波羅奈仙人鹿苑中，與大比丘二萬、菩薩二千人俱。西方極樂世界觀世音、大勢至與眷屬，如力士屈伸臂頃，至此世界。以大神通力，令此世界，地平如水，與八十億菩薩前後圍繞。以大功德，莊嚴成就，端嚴特殊，無可為喻，光明徧照娑婆世界。上述各經都說明觀世音菩薩，常隨釋迦牟尼佛說法度生。千江有水千江月，觀世音雖然是極樂世界阿彌陀佛的侍輔，我們娑婆世界眾生一心稱名，他是尋聲救苦，無處不現身。

二、浙江普陀山

中國佛教有四大名山聖地，是四位菩薩摩訶薩（即菩薩之中的大菩薩）的廣化群生大本營。這四大名山就是山西的五台山，是大智文殊菩薩的道場；四川的峨嵋山，是大行普賢菩薩的道場；安徽的九華山，是大願地藏王菩薩的道場；浙江南海普陀山，是大悲觀世音菩薩的道場。在這四大名山與四位大菩薩之中，家喻戶曉婦孺皆知的，就是南海普陀山大慈大悲，救苦救難，廣大靈感的觀世音菩薩。尤其在這世局紛亂、天災人禍，「眾生被困厄，無量苦逼身」的今天，除開了一向以「慈眼視眾生」的尋聲救苦，圓滿無礙的「觀音妙智力」以外，那還有什麼人的力量，能救世間苦惱罪惡的眾生呢？

五代後梁貞明二年（西元九一六年），中國佛教在唐時傳去日本，當時有不少為了求法留學的日本出家人，絡繹不絕到中國來訪道尋師，其中有慧鍔（註五）和尚（是日本平安時代前期佛教臨濟宗高僧，多次到大唐求法），遠渡重洋，航海來到中國，除了尋師訪道，還參禮各處的佛教聖地。有一天來到山西五台山，朝拜大智文殊師利菩薩，遍遊五台勝山，參觀名勝，看見一尊觀音大士的聖像，清淨莊嚴，心羡不已。本想向該寺當家師傅商討請回日本供養，恐怕人家不允所求，竟然不與而取，他以為這是出於善心，能使日本人民覩聖像而生信敬，「皈依者福增無量，禮念者罪滅河沙」，所以他打定主意，偷偷把這尊聖像取走了。

慧鍔和尚取得這尊無上至寶的聖像，不敢在五台山逗留下去，馬上束裝買舟東渡，準備回日本。但當這條船開駛進浙江定海縣所屬舟山群島新羅礁的地方，忽然海洋中湧現無數的鐵蓮花（今稱蓮花洋），擋住航道，使船不能前進，如此三日三夜，船始終無法開出，只能繞著普陀山四周打轉。慧鍔見此奇異，驚惶失措，忐忑不定，當即跪在聖像前求懺悔祈求說：「大士！弟子因見菩薩聖像莊嚴，我國佛法未徧，聖像少見，我想將聖像請回日本供奉，假使我國眾生無緣供奉，弟子就在此處建立精舍，供奉聖像」。禱罷舟行，船飛速的駛到潮音洞邊，安然停下。

那時普陀山還是一片荒島，野無人煙，只有少數漁民，在山上搭幾間茅草屋。慧鍔登山在潮音洞附近，見舍主張漁翁，說明來意，漁翁大為感動，很慷慨的向慧鍔和尚說：「師父！你們貴國的人，既無緣見佛，那麼你就與菩薩一起住在我們山中，我把住的茅舍讓出來，你可以築庵供奉菩薩，我過海去，邀各地民眾，大家到此地拜佛供養你。」慧鍔禪師因此就不再回日本，在山上築庵安住，民眾稱此為「不肯去觀音院」，他就成了普陀山第一代的開山祖師了，這就是普陀山開山之由來。

三、西藏拉薩布達拉宮

布達拉宮坐落於海拔三七〇〇米的紅山小丘上，俯看拉薩市，集宮殿、城堡及寺院於一體，依山壘砌，群樓疊置，氣勢宏偉，是世上海拔最高的宮殿建築，也是所有藏傳佛教朝聖者心中的聖地，被譽為一生必去之處。

命名源自佛經裡的菩薩地「布達拉」，始建於西元七世紀，為吐蕃王贊普松贊干布，迎娶文成公主而延請尼泊爾著名工匠砌築而成。進入城牆，循著曲折的石板路拾級而上。穿過一道道狹窄昏暗的爬梯與通道，高低錯落、主次分明的空間佈局，逐一呈現眼前。

建築型制主要是由紅宮和白宮組成，具有鮮明的藏傳佛教特徵。紅宮位於最高的中央處，顯著的紅色外牆標誌著宗教的祭祀中心，內部不僅有聖壇、靈塔、寶座，還有令人嘆為觀止的經書收藏與唐卡器物等；而白宮則位居其東西，為歷代達賴喇嘛的居所與處理事務之處，包括寢宮、朝拜堂、經堂與眾多僧房等。這個宏偉的宮殿，不僅是歷代達賴喇嘛的冬宮居所，也是西藏政教合一的統治中心，一九九四年列入世界文化遺產。

據五世達賴著《西藏王臣記》所載：西藏民族的起源，是觀世音悲力化成一頭變種的猴，由聖救度母化作一個羅剎女，與猴配合，生出六個孩子，像父親的孩子思想敏捷，悲心廣大；像母親的孩子，面多赤色，秉性剛強。由此逐漸繁衍而成西藏人民和區域。

觀世音還化現人，藏王松贊干布，想在布達拉（即普陀洛迦）山頂，建一王宮，住在那裡，使四方所有的國王不由自主地傾向自己，八種自在功德能應運而生。於是他親眼看到天空中現起「唵嘛呢（ㄨㄥˊ ㄇㄚ ㄋㄧ）叭咪吽（ㄅㄟ ㄇㄟ ㄏㄨㄥˊ）」

六字真言，放出五色燦爛的彩虹，輝映到山石上，自然現出觀世音，救度母，馬頭金剛等聖像。又從觀世音像上放出光明，照射到六字真言上。這些光明往來交織，成為稀有奇觀。松贊干布即從尼泊爾請來匠人，依照自然出現佛像的風姿，雕刻出身所依—佛菩薩像，語所依—六字真言。松贊干布在布達拉山建造出，帝釋王宮般的華麗高貴王宮，將妃眷安置到這裡。又將神變大將安紮在宮裡，西藏各地部落主，聞知松贊王能遣發神變大軍，都懾於他的雄威，心悅誠服的表示歸順，肯定西藏地區對觀音的廣泛信仰。

上述說明觀世音的道場，那裡有虔誠的觀世音信仰，那裡有觀世音大悲救世的精神，那裡就是普陀洛迦，那裡就有觀世音。所謂「清淨為心皆普陀，慈觀濟物即觀音。」

第六節　觀世音菩薩「千手千眼觀音」

千手千眼觀世音菩薩，又稱千手觀音、普眼觀音，漢傳佛教中常被供奉的觀世音菩薩之一，是觀世音菩薩的其中一個化現。為六觀音之一，即慈航觀音（救拔餓鬼道）、千手觀音（救拔地獄道）、馬頭觀音（救拔畜生道）、十一面觀音（救拔修羅道）、準提觀音（救拔人道）、如意輪觀音（救拔天道）。有一千隻手，每手心上各有一眼，故稱。一般塑像或者繪畫上，大都以四十手（或四十二手）、三十六手、二十四手、十八手為代表。

關於千手觀音的來歷，傳說古代興林國妙莊王有三位美麗的公主，大公主叫妙金，二公主叫妙銀，三公主叫妙善。妙善自幼出家修行，父王不允准她去，但她離家遁走。妙善所在的廟裡有五百位和尚、尼姑，妙莊王一怒之下，一把火焚燒了這廟院，這五百位和尚、尼姑都被燒死，在廟內修行的妙善也被燒傷，幸被一隻白虎馱（ㄊㄨㄛˊ）走獲救，歷經千辛萬苦來到香山繼續信佛修行，最終成了香山寺院的主持，坐化升天，終成正果。佛經講述「善有善報，惡有惡報。」妙莊王做了惡，身上長五百個大膿瘡，什麼藥都用了，也無濟於事。醫生說非要親骨肉的一隻眼、一隻手作藥，才能醫好。大公主不願意，二公主捨不得，修行的三公主妙善，至善至孝，儘管妙莊王做了惡事，聽說要親生骨肉的一隻眼和一隻手，才能治好父王的病，自己就挖了一隻眼，砍了一隻手給父王作藥，妙莊王服藥後，全身膿瘡消失，身體康復。

妙莊王聽說香山菩薩獻給他手眼，就前來進香參拜。女兒豈能受父親參拜，見父長拜，妙善就一側身，成了現在廟宇所供的千手千眼側身像。妙善的大孝行為感動了釋迦牟尼，於是召見妙善公主：妳這大孝女，舍了一隻眼、一隻手，我就還妳一千隻眼、一千隻手。這樣，妙善公主就成了千手千眼觀世音菩薩，為成千上萬的善男信女所崇拜。

觀音曾發誓要普度眾生，然而眾生芸芸，觀音頗有力不勝任之感。於是分身成四十二個大慈大悲菩薩，意在利益安樂一切眾生。觀音師傅無量佛見狀，勸其不要急躁，否則欲速則不達。無量佛將四十二個，個體撮合在一起，只留下四十二隻手臂，又讓每隻手掌上長出一隻眼睛，代表一個化身。這樣除去主體的兩隻手臂，還有四十隻手臂，每隻手臂各配上佛門三界中的「二十五有」（佛教認為，三界中有二十五種有情存在環境，包括四洲、四意趣、六欲天等），兩數相乘為一千。

所以，千手千眼觀音造像並非真塑有一千隻手臂和一千隻眼，而是採取變通的辦法。如今的千手觀音塑像，常以四十二手象徵千手，每一手心各有一眼。除了菩薩胸前合十的兩手外，左右各塑二十隻手，各持刀、槍、拂塵、傘、鏡和淨瓶等各種神通廣大的法器，另外手中各有一眼，實為四十二臂四十二眼。

在《千光眼觀自在菩薩秘密法經》中說：「大悲觀自在，具足百千手，其眼亦復然，作世間父母，能施眾生願。」這裡的「千」，是代表無量、圓滿之義。也就是「千手」象徵著觀音大悲利他的方便，無量廣大，而「千眼」象徵他應物化導時，觀察機根的智慧圓滿無礙。

千手千眼觀世音菩薩就是阿彌陀佛與觀世音菩薩的「合體」，也是代表祂有很多救度眾生的方法，也就是代表祂本身的力量、法力「無量無邊」的不可思義。「千手千眼觀世音菩薩」是所有「觀世音菩薩」當中，最有力量的，不管是任何一尊觀世音菩薩，都是「蓮花童子」。

第七節　觀世音菩薩未來淨土

從娑婆世界過十萬億佛土，就是西方淨土所在，現今是阿彌陀佛為法王，淨土名為極樂世界，而觀音菩薩與大勢至菩薩正是阿彌陀佛之兩大脇士。在觀音本生因緣中，其與阿彌陀佛於往昔常為父子，一起修學佛法，願行菩薩道，因此，在阿彌陀佛成佛圓滿淨土時，觀音便為其身旁兩大菩薩之一，幫助其教化極樂淨土的眷屬，勸發娑婆世界眾生往生西方極樂世界安養，也成為觀音的願力。眾生在臨命終時，一心正念阿彌陀佛，除了阿彌陀佛會來接引之外，觀音也會持蓮台來接引往生者，甚至稱念觀音名號，意欲往生西方極樂世界者，也能依願往生。

依《悲華經》所載，觀音是西方極樂世界一生補處的法身大士（指即將繼承佛位的大菩薩），現正在西方極樂世界輔佐阿彌陀佛，教化眾生。當阿彌陀佛入滅後，觀音將在此極樂世界中的七寶菩提樹下成佛，名「功德山王如來」，又稱為「普光功德山王如來」。祂的淨土稱為「一切珍寶成就世界」，又稱「眾寶普集莊嚴世界」。這就是觀音在未來的淨土，在緣起上是菩薩成就佛果所圓滿的淨土。

這個佛國淨土的眾生，都是阿彌陀佛教化的弟子，以及與觀音有緣的眾生。又因觀音與其應化眾生的福德因緣與阿彌陀佛有所差別，故此世界全是菩薩聖眾，沒有聲聞弟子，也沒有天人。而其所成就的極樂世界，比現在的極樂世界，更為莊嚴、殊勝，為諸佛所讚歎。但這是指「未來」所當成就的，並非指現在，而阿彌陀佛的極樂世界則是「現在」最殊勝的世界！兩者並不衝突。其次，觀音的世界雖更加的殊勝，但在本質上，仍不脫原來阿彌陀佛極樂世界的內容。

觀世音與阿彌陀佛有著特殊關係，最具體的是《佛說觀無量壽佛經》，此經說：觀世音和大勢至，於一切處身同，眾生但觀首相，知是觀音，知是大勢至。此二菩薩助阿彌陀佛普化一切。對上品上生、上品下生的人，阿彌陀佛與觀音、大勢至，分別執金剛台、紫金合、金蓮花，至行者前。阿彌陀佛，放大光明照行者身，與諸菩薩授手迎接。觀音、大勢至，與無數菩薩，讚歎行者，勸進其心。行者見已，歡喜踴躍。自見其身，乘金剛台，隨從佛後，一彈指頃，往生彼國。中品下生，下品上生，下品中生，下品下生的人，由觀音、大勢至，放大光明，至行者前，為說大乘甚深經典。聞已信解，發菩提心，即得往生極樂世界。對上品的人，西方三聖齊去接引；對中品下生以下的四種人，則由觀音、大勢至接引。可知接引眾生往生西方極樂世界，是觀音協助阿彌陀佛的主要工作任務。

淨土三經說持名，觀想阿彌陀佛及極樂世界，依正莊嚴。由西方三聖、或觀音、大勢至接引往生。但在觀音的經中，若人憶念觀音，臨命終時，自己往生極樂世界，無需接引。如《佛說大乘莊嚴寶王經》說：於此世界若有人想觀自在菩薩摩訶薩名者，是人當來遠離生老病死無常之苦。猶如鵝王，隨風而去，速得往生極樂世界，面見無量壽如來，聽聞妙法。如是之人，永不受輪迴之苦，無貪嗔癡，無老病死，無餓饑苦，不受胎胞生身之苦。承法威力，蓮花化生，常居彼土。又若人誦持觀音陀羅尼法門，也可得生極樂世界，如《佛說十一面觀世音菩薩神咒經》說：「持此咒者，現身復得四種果報：一者臨命終時，得見十方無量諸佛。二者永不墮地獄。三者不為一切禽獸所害。四者命終之後，生無量壽國。」說明觀音法門的歸趨，是導向淨土，使一切眾生永遠離苦惱得安樂。

附註

註一：意譯為等持、正定、定意、調直定、正心行處。即遠離惛沈掉舉，心專住一境之精神作用。若於說一切有部中，為十大地法之一，與一切心、心所法相應，通於定、散，亦通於善、惡、無記之三性，而無別體。於經量部，心之一境相續而轉，稱為三摩地。

註二：為阿彌陀佛及釋迦佛於過去世發菩提心時之國名。據悲華經卷二載，久遠過去之世界有轉輪聖王名無諍念，王有千子；臣名寶海，有子出家成佛，號寶藏，先後度王及其千子。此世界即刪提嵐，寶海即釋迦佛，無諍念王即阿彌陀佛，千子即觀音菩薩、勢至菩薩、阿閦（ㄔㄨˋ）如來等。

註三：宣武靈皇后（？—五二八年）本姓胡氏，北魏時期女性歷史人物。宣武帝元恪妃子、孝明帝元詡生母，司徒胡國珍的長女，母為秦太上君皇甫氏。延昌四年（五一五年），孝明帝即位後，尊為皇太后，臨朝聽政。同年四月，爾朱榮發動河陰之變，弒殺胡太后及幼主，歸葬在寺廟。北魏孝武帝即位後，以皇后之禮安葬，謚號為靈。

註四：西藏佛教爵南派僧。著成多羅那他佛教史，內容敘述阿闍世王以下諸王朝，及佛教傳入錫蘭、西藏之經過，頗見重於世。晚年受達賴喇嘛四世派遣至外蒙古傳法，被可汗尊為「哲布尊丹巴」。示寂於庫倫，其轉生者稱為「庫倫活佛」。

註五：慧蕚，日本臨濟宗僧，又作慧鍔，中國補陀洛伽山寺開山祖師。承和（八三四—八四七年）初年，奉橘太后之命來唐，由雁門登五台山巡拜聖蹟，後參謁杭州靈池寺齊安國師，轉達太后之旨，延請義空禪師赴日弘揚禪法，自此日本始傳臨濟宗。齊衡元年（八五四）再度來唐，登五台山，於嶺頂得觀音聖像。

第三章 如何修持大悲咒

第一節 《大悲咒》的意義

大悲咒是廣為佛教徒所持誦的咒語，出自觀世音菩薩之《大悲心陀羅尼經》，全名為《千手千眼觀世音菩薩廣大圓滿無礙大悲心陀羅尼經》。這是釋迦牟尼佛在觀音的道場──補陀落迦山的宮殿所宣說，是一部以圓滿無礙的慈悲與智慧的力量，來總持大悲心的經典。

「大悲咒」即是在本經中，由觀音所宣說，是過去無量億劫以前，千光王靜住如來傳授給觀音。當時，觀音還是初地的境界，一聽聞這個咒語，就直超八地菩薩的境界。祂發起誓願：「假若我在未來，能夠利益安樂一切有情，就讓我即時由身體上出生圓滿具足的千手千眼。」當祂發起弘大的誓願時，立即具足了千手千眼，這也是千手千眼觀音示現的由來。千手千眼觀音以千眼悲視眾生的煩惱，以千手攝持救護眾生，更將廣大圓滿無礙的大悲咒運用於千手千眼上，現起千變萬化的力用。

觀世音菩薩說是語已，於眾會前合掌正住，於諸眾生起大悲心，開顏含笑，即說如是廣大圓滿無礙大悲心大陀羅尼神妙章句，陀羅尼曰：

南無喝囉怛那哆囉夜耶一　南無阿唎耶二　婆盧羯帝爍鉢囉耶三　菩提薩埵婆耶四　摩訶薩埵婆耶五　摩訶迦盧尼迦耶六　唵七　薩皤囉罰曳八　數怛那怛寫九　南無悉吉栗埵伊蒙阿唎耶十　婆盧吉帝室佛囉楞馱婆十一　南無那囉謹墀十二　醯唎摩皤哆沙咩十三　薩婆阿他豆輸朋十四　阿逝孕十五　薩婆薩哆那摩婆伽十六　摩罰特豆十七　怛姪他十八　唵阿婆盧醯十九　盧迦帝二十　迦羅帝二十一　夷醯唎二十二　摩訶菩提薩埵二十三　薩婆薩婆二十四　摩囉摩囉二十五　摩醯摩醯唎馱孕二十六　俱盧俱盧羯蒙二十七　度盧度盧罰闍耶帝二十八　摩訶罰闍耶帝二十九　陀囉陀囉三十　地唎尼三十一　室佛囉耶三十二　遮囉遮囉三十三　摩摩罰摩囉三十四　穆帝隸三十五　伊醯伊醯三十六　室那室那三十七　阿囉嘇佛囉舍利三十八　罰娑罰嘇三十九　佛囉舍耶四十　呼盧呼盧摩囉四十一　呼盧呼盧醯利四十二　娑囉

娑囉四十三　悉唎悉唎四十四　蘇嚧蘇嚧四十五　菩提夜菩提夜四十六　菩馱夜菩馱夜四十七　彌帝唎夜四十八　那囉謹墀四十九　地利瑟尼那五十婆夜摩那五十一　娑婆訶五十二　悉陀夜五十三　娑婆訶五十四　摩訶悉陀夜五十五　娑婆訶五十六　悉陀喻藝五十七　室皤囉夜五十八　娑婆訶五十九　那囉謹墀六十　娑婆訶六十一　摩囉那囉六十二　娑婆訶六十三　悉囉僧阿穆佉耶六十四　娑婆訶六十五　娑婆摩訶阿悉陀夜六十六　娑婆訶六十七　者吉囉阿悉陀夜六十八　娑婆訶六十九　波陀摩羯悉陀夜七十　娑婆訶七十一　那囉謹墀皤伽囉耶七十二　娑婆訶七十三　摩婆利勝羯囉夜七十四娑婆訶七十五　南無喝囉怛那哆囉夜耶七十六　南無阿唎耶七十七　婆嚧吉帝七十八　爍皤囉耶七十九　娑婆訶八十　唵悉殿都漫多囉跋陀耶八十一娑婆訶八十二

以下來解釋大悲咒的全文意義：

第一句「南無喝囉怛那哆囉夜耶」，「南無」是歸命，「囉怛那」是寶，也就是西藏人講的「仁波切」，是珍寶的意思，而不是專指人。「哆囉夜耶」是三的意思，二者合起來是三寶。有的斷句為「南無」「喝囉怛那哆囉夜耶」，有的人斷成「南無喝」「囉怛那哆囉夜耶」；有的人用原音是「南無」，但是若照梵音來說是「南無喝」和「南無」意思一樣，都是歸命的意思。所以「南無喝囉怛那哆囉夜耶」就是歸命三寶。

第二—第四句、「南無阿唎耶」，「南無」是歸命，「阿唎耶」是聖，所以斷句不能斷在這裡，應該是「南無阿唎耶婆盧羯帝爍鉢囉耶」。「婆盧羯帝爍鉢囉耶」是觀自在菩薩的梵名，「菩提薩埵婆耶」是菩薩的意思。所以若要念梵音的南無聖觀自在菩薩就是這一句，這是觀自在菩薩名號，「南無阿唎耶婆盧羯帝爍鉢囉耶，菩提薩埵婆耶」是歸命於聖觀自在菩薩。

第五—第六句、「摩訶薩埵婆耶摩訶迦盧尼迦耶」：「摩訶」是大，「薩埵」是大士，亦指有情，即是眾生。菩薩是「菩提薩埵」，「菩提」是覺，「薩埵」是有情，所以菩薩是覺有情。「摩訶薩埵」是大有情，我們平常稱「觀世音菩薩」，也稱「觀音大士」。「摩訶迦盧尼迦耶」是大慈悲者。

第七句「唵」是歸命，和「嗡」、「南無」、「南麻斯」同樣都是皈命的意思，這幾個字經常出現在咒語的起首處。

第八句「薩皤囉罰曳」，「薩皤」是一切。「囉罰曳」是至尊。二者合起來指一切尊，一切至尊。「唵薩皤囉罰曳」即是皈命一切至尊。

第九句「數怛那怛寫」，「數怛那」是正教。「怛寫」是喜語，歡喜的言語。所以整句是正教給予我們歡喜的言語。

第十句「南無悉吉栗埵伊蒙阿唎耶」，「南無悉」和「南無」一樣，是歸命的意思。「吉栗埵」是禮拜。「伊蒙阿唎耶」，聖者。整句是「皈命禮拜我們所尊敬的聖者」。

第一句至第十句是，我歸命三寶，歸命聖觀自在菩薩，大有情大慈悲者，歸命一切尊，讓人歡喜的正教語言，歸命禮拜聖尊觀自在菩薩。

第十一句「婆盧吉帝室佛囉楞馱婆」，「囉楞馱婆」是海島、香山，是指普陀山，觀音的聖地。整句是，我們皈命禮拜在海島香山的聖尊觀自在菩薩。

第十二句「南無那囉謹墀」，「南無」是歸命，「那囉謹墀」是賢善順法教的心。

第十三句「醯唎摩訶皤哆沙咩」，是大光明的意思。

第十四句「薩婆阿他豆輸朋」，「薩婆」是一切。「阿他豆輸朋」是無貪染、莊嚴清淨。

第十五句「阿逝孕」，是無比，無人比得上。

第十六句「薩婆薩哆那摩婆伽」，這「薩婆薩哆」是一切菩薩，「那摩婆伽」是童真。在佛教中，菩薩也稱為「童子」，是代表菩薩永遠保持一顆童真之心，像文殊菩薩又稱為「文殊師利童子」。

第十七句「摩罰特豆」是大天神。是稱讚觀音的清淨莊嚴，並皈命賢善順教之心，大光明，一切無貪的莊嚴清淨，無比的一切菩薩，一切具足童真的天神。

第十八句「怛姪他」以下是真正咒語，其上是序言。「怛姪他」是「即說咒曰」，所以下面是真正咒語的開始。凡是長咒一定會有這一句，比如藥師咒，往生淨土咒裡都有這一句，此句以上是咒的序言，以下才是真正咒語的開始，也是咒心所在。

第十九—第二十句「唵阿婆盧醯盧迦帝」，「唵」是皈命，「阿婆盧醯」是觀自在，「唵阿婆盧醯，盧迦帝」，應該是合在一起的一句，即歸命觀自在。

第二十一句「迦羅帝」是大慈悲者。

第二十二句「夷醯唎」是蓮花之心。

第二十三句「摩訶菩提薩埵」是大菩薩。

第二十四句「薩婆薩婆」是一切一切。

第二十五句「摩囉摩囉」是遠離塵垢，遠離所有污穢。

第二十六句「摩醯摩醯唎馱孕」是大自在心。

第二十七句「俱盧俱盧羯蒙」，「俱盧俱盧」是作法，「羯蒙」是辦事，變音成動詞。

第二十八句「度盧度盧罰闍耶帝」，「度盧度盧」和中文一樣，即「度汝度汝」的意思。「罰闍耶帝」是聖尊。

第二十九句「摩訶罰闍耶帝」是大聖尊。

第三十句「陀囉陀囉」是能持。

第三十一句「地唎尼」是很勇敢。

第三十二句「室佛囉耶」是光明自在。

第三十三句「遮囉遮囉」是行動。

第三十四句「摩摩罰摩囉」，「摩摩」是我。「罰摩囉」是最勝，可以遠離一切污穢，即最勝離垢。整句就是「加持我某某人」之意。

第三十五句「穆帝隸」解脫的意思。

第三十六句「伊醯伊醯」是教語，教法的言語。

第三十七句「室那室那」是誓願。

第三十八句「阿囉嘇佛囉舍利」，「阿囉」是王的意思，「佛囉」是覺，「舍利」是堅固子，即舍利子。這個舍利子和《心經》中的舍利子不一樣。舍利也是一種鳥，《心經》中的舍利子是「舍利的孩子」，是指舍利弗，因為祂的母親眼睛非常美麗，就像舍利鳥一樣，所以被稱為「舍利」，她的孩子就稱為「舍利子」。

第三十九句「罰婆罰嘇」是歡喜。

第四十句「佛囉舍耶」是佛的舍剛杵，是帝釋天王（雷神）所執持之武器，能摧毀一切物，而不會被一切物所摧壞，是故名「金剛」。像《金剛經》又名「能斷金剛」，意思是說金剛乃最勝，一切所不能毀壞。

第四十一句「呼盧呼盧摩囉」，作法無任何污垢，無任何污穢。

第四十二句「呼盧呼盧醯利」，作法能夠隨心如意自在。

第四十三句「娑囉娑囉」是賢明堅固者。

第四十四句「悉唎悉唎」是勇猛者。

第四十五句「蘇嚧蘇嚧」即甘露水，甘露是長生不老之水，所以甘露水是長生不老之水。在印度的傳說中，有一次諸天神受咒詛而身形困弊時，諸天依毗溼奴之教，投種種藥草入乳海中，復以曼荼羅山為乳棒，奮力攪拌。諸天在飲用後，終於恢復神力。傳說天神吃了甘露可以治病，人吃了會長生不老，所以叫「甘露」，是長生不老藥的代名詞。佛教中所謂的「甘露道」，則取喻為超越生死之道，為解脫道之意。

第四十六句「菩提夜菩提夜」，是覺悟之道，是向覺悟之道。

第四十七句「菩馱夜菩馱夜」，「菩馱夜」是能覺者，指覺悟之人，覺悟者。

第四十八句「彌帝唎夜」是大慈者，即是彌勒菩薩的名號。

第四十九句「那囉謹墀」是賢明善良，即賢善。

第五十句「地利瑟尼那」是堅固又銳利。

第五十一—第五十二句「波夜摩那」是名聞。「娑婆訶」有時用「娑訶」，咒語最後結尾，通常都是這個字，是一切圓滿、一切成就的意思。

第五十三—第五十四句「悉陀夜」是義，再接「娑婆訶」即義成就。

第五十五—第五十六句「摩訶悉陀夜娑婆訶」，「摩訶」是大，「悉陀夜」是義。所以這句是大義成就，大的義理來成就。以上第五十一至第五十六句即是：名聞成就，義成就、大義成就。

第五十七句「悉陀喻藝」是無為。

第五十八句「室皤囉耶」是得到大自在。

第五十九句「娑婆訶」就是成就。所以「悉陀喻藝室皤囉耶娑婆訶」整句是用無為得到大自在的圓滿成就。

第六十—第六十一句「那囉謹墀」是賢愛，「娑婆訶」自在，即賢愛自在成就。

第六十二—第六十三句「摩囉那囉娑婆訶」是上妙的遊戲，得到成就。

第六十四—第六十五句「悉囉僧阿穆佉耶娑婆訶」，「悉囉僧」是愛語，「阿穆佉耶」第一義，「娑婆訶」是成就。所以是愛語第一義大無比成就。

第六十六—第六十七句「娑婆摩訶阿悉陀夜娑婆訶」是一切大義成就。

第六十八—第六十九句「者吉囉阿悉陀夜娑婆訶」，「者吉囉」是輪、如意輪、法輪。輪是武器，有金、銀、銅、鐵四種層級的轉輪聖王，其權勢可以統一全世界。此句是以無比之輪來成就的意思。

第七十一—第七十一句「波陀摩羯悉陀夜娑婆訶」，「波陀摩」指蓮花，是紅蓮花業義成就。如六字大明咒「嗡嘛呢唄咪吽」，「嗡」是皈命，「嘛呢」是寶珠，「唄咪」是蓮花，「吽」是心，整句就是「皈命於清淨的蓮花心」，或「皈命於聖者觀自在如清淨寶珠般蓮花的心」。

第七十二—第七十三句「那囉謹墀皤伽囉耶娑婆訶」，「那囉謹墀」是賢首，「皤伽囉耶」是聖尊，「娑婆訶」是成就。整句就是賢善聖尊的成就。

第七十四—第七十五句「摩婆利勝羯囉夜娑婆訶」，「摩婆利勝」是英雄威德，「羯囉夜」是生性，「娑婆訶」是成就。此句為英雄大威德自性成就。

第七十六句「南無喝囉怛那哆囉夜耶」，就是皈命三寶。

第七十七—第八十句「南無阿利耶婆嚧吉帝爍皤囉耶娑婆訶」，就是皈命三寶，皈命聖觀自在菩薩成就。

第八十一—第八十二句「唵悉殿都漫多囉跋陀耶娑婆訶」，「唵」是皈命，「悉殿都」是使我成就，「漫多囉」是真言咒語，「跋陀耶」是真言的咒，「娑婆訶」是成就，整句就是皈命而令我成就，真言密句祈願成就。

大悲咒白話讚詩

皈命三寶　禮敬聖者觀自在菩薩
這位偉大的有情　圓具大慈悲者
嗡！一切施無畏的至尊　祈請給予歡喜的濟度
現前皈命禮敬這位
安住在清淨海島香山的　聖觀自在菩薩
再次的皈命　賢善順教心髓的廣大光明
能使一切菩薩童真
具足無與倫比無貪無染的莊嚴清淨
更能清淨一切生命的存有之道
因此　就如實的宣說神咒：
嗡！這位洞見法界真相者　超越世間者
具有蓮華心的大菩薩
請以一切、一切　遠離塵垢的大自在心

來作業成辦一切的眾事
安住啊！安住啊！　勝利的至尊　偉大的勝尊
善能總持、善能總持諸法
甚為勇猛、具足威光自在的勝尊
請行動吧！請行動吧！
成就我　最殊勝離垢　最殊勝的解脫
來吧！來吧！　弘偉的誓願！弘偉的誓願！
賢聖的行動　隨緣生起甚深的歡喜　堅如金剛的至尊
祈請以如意自在的無垢作法　流出無死的甘露
以無念隨心的作法成就大覺之道
賢善堅固的至尊　殊勝吉祥、殊勝吉祥
流出了無死的甘露淨水
覺悟吧！覺悟吧！已經覺悟了！已經覺悟了！
偉大的慈悲者　大悲賢善的至尊　大堅固的勇猛者
名聞十方的至尊！娑婆訶

成就者！娑婆訶
大成就者！娑婆訶
成就瑜伽自在者！娑婆訶
賢善的尊者！娑婆訶
如意自在上妙的遊戲者！娑婆訶
第一義愛語和合者！娑婆訶
一切大義成就者！娑婆訶
無上的持輪降魔者！娑婆訶
紅蓮善勝成就者！娑婆訶
賢首的聖者！娑婆訶
本具大勇威德的聖尊！娑婆訶
皈命三寶　皈命聖觀自在王！娑婆訶
嗡！令我成就　真言密句祈願成就　娑婆訶！

第二節 《大悲咒》的功德

《大悲咒》全名為《廣大圓滿無礙大悲心陀羅尼》，又名《千手千眼無礙大悲心陀羅尼》。其中所謂「無礙」即是能貫徹於三界、六道，毫無障礙，不單只是利益於人間。

觀音菩薩說，誦《大悲咒》的衆生，須發心度六道於人，故先當發願——

(1)南無大悲觀世音，願我速度一切法。
(2)南無大悲觀世音，願我早得智慧眼。
(3)南無大悲觀世音，願我速度一切眾。
(4)南無大悲觀世音，願我早得善方便。
(5)南無大悲觀世音，願我速乘般若船。
(6)南無大悲觀世音，願我早得越苦海。
(7)南無大悲觀世音，願我速得戒定道。
(8)南無大悲觀世音，願我早登涅槃山。

⑼南無大悲觀世音，願我速會無為舍。
⑽南無大悲觀世音，願我早同法性身。

為自己發願之後，還要發願度生——

⑴我若向刀山，刀山自摧折。
⑵我若向火湯，火湯自枯竭。
⑶我若向地獄，地獄自消滅。
⑷我若向餓鬼，餓鬼自飽滿。
⑸我若向修羅，惡心自調伏。
⑹我若向畜生，自得大智慧。

這是以自己誦咒的功德，迴向地獄、餓鬼、畜生等三惡道的眾生。功德不獨享，分沾給三惡道，才是大悲心。必須自己有大悲心，誦《大悲咒》才能相應。

能這樣誦咒，觀世音說，便有下面的功德——

除滅身上百千萬億劫重罪。

臨命終時，十方諸佛皆來授手。

欲生何等佛土，隨願皆得往生。
不墮三惡道。
於現生中，所求皆遂。
現生一切惡業重罪，皆悉滅盡。
唯不善（繼續作惡業）、不誠、於咒生疑者則不相應。
此外，誦此咒可得十五種善生——
生處常逢善王（碰到好領袖）。
常生善國（碰到好政權）。
常值好時（無天災人禍）。
常逢善友。
身根具足（身體不殘廢）。
道心純熟（有機會虔信佛法）。
不犯禁戒。
所有眷屬恩義和順。
資財豐足。

常得他人恭敬扶接。
所有財寶無他劫奪。
意欲所求悉皆稱遂。
龍天善神恒常擁衛。
所生之處見聞佛法。
所聞正法悟甚深義。
這十五種善生，包括世間法與出世間法。人生能有這些際遇，亦沒有什麼所遺憾了。

誦此咒又不受十五種惡死──
不令飢餓困苦死。
不為枷禁杖楚死。
不為怨家仇對死。
不為軍陣相殺死。
不為虎狼惡獸殘害死。
不為毒蛇蚖蝎（ㄩˊㄢ　ㄒㄧㄝ）所中死。

不為水火焚漂死。
不為毒藥所中死。
不為蠱毒害死。
不為狂亂失念死。
不為山林崖岸墜落死。
不為惡人厭魅死（如用邪法禁制）。
不為邪神惡鬼得便死。
不為惡痛纏身死。
不為非分自害死（指自殺）。

佛家視善生惡死，為人生的大事，蓋人生最重要的事，無非生死二字而已，因此《大悲咒》所涵蓋的已是一個豐富的人生，以及死得其所。

由於《大悲咒》有如是功德，能除眾生苦，予眾生樂，持此咒的眾生有越來越多趨勢。尤其唐代以還，顯宗的修行者亦多誦此咒，視之為日常修行功課。

《大悲咒》全文只有四一一個字，唸熟大概五分鐘左右，誦時不必大聲，只須自己聽到便可，但要自己傾聽自己誦咒的聲音，才可避免心亂。

第三節　「六字大明咒」的觀法

觀世音菩薩心咒，也稱六字大明咒為「萬咒之王」，源於梵文，象徵一切諸菩薩的慈悲和加持，特別祈求大悲觀世音菩薩的加持。六字大明咒的漢音「嗡嘛呢（ㄨㄥ　ㄇㄚ　ㄋㄧ）唄咪吽（ㄅㄟ　ㄇㄟ　ㄏㄨㄥˋ）」。

「**嗡**」為白色，象徵本尊之智慧，屬於禪定波羅蜜多，能除傲慢心，解脫天道輪迴苦。

「**嘛**」為綠色，象徵本尊之慈心，屬於忍辱波羅蜜多，能除嫉妒心，解脫阿修羅道輪迴苦。

「**呢**」為黃色，象徵本尊之身、口、意、事業、功德，能除貪慾心，解脫人道輪迴苦。

「**唄**」為藍色，象徵本尊之大樂，屬於布施波羅蜜多，能除愚痴心，解脫畜生道輪迴苦。

「**咪**」為紅色，象徵本尊之大樂，屬於布施波羅蜜多，能除吝嗇心，解脫餓鬼道輪迴苦。

「**吽**」為黑色，象徵本尊之悲心，屬於精進波羅蜜多，能除瞋恚心，解脫地獄道輪迴苦。

六字大明咒又稱「六字真言」、「六字大明陀羅尼」，出自於《佛說大乘莊嚴寶王經》。佛在經中說：「此六字大明陀羅尼，是觀自在菩薩摩訶薩微妙本心。若有知是微妙，本心即知解脫。」也就是說，六字大明咒是觀世音菩薩的根本心咒，若能參透其中微妙就能獲得解脫。然而，求得此六字大明咒卻並非易事。據此經介紹，佛陀當年走遍天涯、供養無數如來仍不能聽聞此咒。直至蓮華上如來歷遍無數世界，供養無量如來，最後於西方極樂世界拜見阿彌陀佛時，祂請觀世音菩薩傳授給蓮華上如來的。而釋迦牟尼佛又是遍歷天涯、供養無數如來，最終向蓮華上如來求得，才能讓此心咒廣為傳頌。蘊藏了宇宙中的大威力、大智慧、大慈悲。

《六字大明咒》能夠與觀世音菩薩最快速地溝通、感應，這是它的真正意義。它也代表著光明、慈悲、能量，還有功德。金菩提宗師開示道：「六字大明咒是六個發音的咒語；大明，就是大光明。六字大光明咒就是六個放著光明的咒語。對應著身體的光明，既意味著六度，布施、持戒、忍辱、精進、禪定、智慧，也意味著天地人合一，就是人和自然的結合。」宗師又提示：「在誦念的時候，我們的身體和咒語融為一體，而且以美好的意念、慈悲的意念誦念這個咒語時，能使身體沒有任何污染和執著，這就是最好的放鬆。既沒有了貪欲，又能給一切眾生帶來慈悲和愛，我們的身體自然放鬆了。」能夠觀想到讓一切眾生都得到健康、快樂，而並不只是單純地觀想著自己清淨光明，這樣一種慈悲、願望、智慧結合的修行，才是最有效的修行。

第四章 佛法的人生觀

第一節 佛法、佛學與學佛

研究佛法，有三個主要觀點，就是佛法、佛學及學佛。什麼叫做學佛呢？就是跟著佛的一切言行和教理，依教奉行，去照樣做到。佛學呢？就是研究佛所說教理的所有學問。至於佛法呢？是包括了上面的兩點，或者縮小它的範圍來說，求到佛之所以成就為佛的一種方法。因此，研究佛學，是重於求知。學習佛法，是重於實行。但是兩者都不可以偏廢，合起來叫做佛教。

由此我們可以瞭解，佛法是佛學，卻不是普通一般宗教可以比擬的。為什麼呢？先得認識宗教的定義和內涵。凡是啟發或堅定眾人的情感與意志，使人發生信仰，就是宗教。可以把它分作廣義和狹義兩方面來解說。廣義的宗教，包括很多，大體說來，例如青年階段，對男女愛情的戀慕；中年時期，對事業進取的追求；以及老年人寄託情緒於信仰或寄情山水等。狹義的宗教，就是指對某一有神秘色彩的超人與組織，發生信仰。佛法的確也有宗教的意味存在，但是它的究竟，又是超脫於宗教的範圍。

那麼，它是哲學嗎？又不然。一般的哲學，是以理智思辨來研究人生和宇宙，作主觀的肯定或客觀的批判，大體說來，多半是偏重於精神和思辨。佛法它也重思辨，而又超脫思辨，而且認為無論主觀或客觀的思辨，都是有一種思想的觀念存在，既有了思想，就各有是非；既有是非，就各是其所是、非其所非，易於人我紛然，所以它也是哲學。

那麼，它是不是合於近代的科學呢？如果從廣義的科學觀念來說：凡是有條理、有系統，而且可以求得實證的都是科學。那佛法是最有系統和最有條理，務必求其實證，不是空談理論。若以偏重於自然物理科學來說科學，佛法之中，卻有部份是涉及自然科學；不過，它不是著重於發展物質或運用物理，它是以推窮物理的最高原則，來證明佛法，也不能說它便是科學。

目前台灣有四分之三的「人生問題」，就是我們有四分之一的人罹患癌症；婚姻中有四分之一的人離婚；另四分之一的人，有輕重不等的精神疾病，諸如憂鬱症、躁鬱症等等，意味著未來有更多的不確定感。

西元八世紀，藏傳密教的祖師，蓮華生（註一）大士就預言：「當鐵鳥在天空飛翔，鐵馬在大地奔馳時，西藏人將像螞蟻一樣流散世界各地，佛法也將傳入西方的國度。」所謂「鐵鳥」是指飛機，「鐵馬」是指汽車與坦克車；從一九五一年中共入侵西藏開始，至達賴喇嘛一九五九年三月離開西藏，流亡到印度，歐洲人就開始接觸佛法，從此亦廣泛地影響西方的思想和宗教。

其實，佛陀在二千五百多年前，早就揭示這個世界的真相，如《華嚴經》所云：「應觀法界性，一切唯心造。」我們所現存的物質世界，都是我們大腦中所變現的虛幻世界，故謂「一切唯心，萬法唯識。」然而，佛法所重視的是內在的心靈精神，不否定外在的物質世界；外在一切是我們所依存的世界，也是我們營生、存活與生命存續的世界，二者並不衝突，也不互斥、對立，而是相互依存的關係。

佛法所告知我們是要從「心的認識與心性的提升」，而不是一味追求物質享受，外在的慾望是無止境，否則，對生態、環境、空氣、食品等污染，會更加嚴重和惡化。誠如佛陀所教示：「一切眾生都有佛性，具有像佛陀一樣圓滿無礙的心智，要找回、開顯我們的佛性，才是我們學佛的重點。」佛陀受了許多苦行，告誡我們一個真相，就是「利他」。故曰：「利他成就菩提心，利他總攝諸佛法。」利他就是菩薩行，故謂：「但為眾生得離苦，不為自己求安樂。」因為，利他的心量沒有打開，你的心思在無形之中，受到你自我認知的設限、束縛，就難以拓展視野，改變觀念，敞開胸襟，自我感覺良好而不自知。

親近、學習佛法以利他為出發，就是站在對方或整體的立場來觀察，能發展更多的善念和善行，就會無我，計較與得失就少，煩惱就少，智慧就開。我們親近佛法之後，如何進一步深入佛法？依個人看法提出三點淺見：即「知見、禪定、願力。」

第一個是「知見」：

建立佛法的知見，就是認識與了解佛陀的教義，佛法最直接的知見建立，就是如《華嚴經》云：「深入經藏，智慧如海。」然而，經典如此浩瀚，如何深入？那就要靠善知識。遇善知識，有大因緣，一切善法因善知識而能發起，因善知識能起正見、遠離惡患、能生智慧、能滅煩惱。

第二個是「禪定」：

禪定就是功夫，心念、心思收攝而不向外攀緣，就是一種定，心念清淨穩定，功夫日漸純熟，就會開發我們本有的智慧，故《圓覺經》云：「無礙清淨慧，皆依禪定生。」禪宗四祖道信（註二）大師說過：「境緣無好醜，好醜起於心。」這句話點破我們迷惘與無知，好像外在的一切，一定都要配合我們，這樣我們才會順心，安心，才會快樂，才會自在。一位正知正見修習佛法的人，不會期待別人使他快樂，也不會刻意排斥，反而能將快樂與幸福帶給別人，和他在一起是安詳與愉悅，因為「禪定」就是內在性靈與心智的提升。

第三個是「願力」：

佛法是長遠心，學習佛法到一個階段，就要發願，這個願力就是驅策力，維持你後續的支撐力。所謂願力就是「利他」的心，沒有利他，就不能成就圓滿的果位。發願有大、有小，看個人心智的啟發與認知。願力所展現利他的心，平時隨處可行，不分大小，樂善好施，其行止就展現柔軟、慈悲與自信。心念也自然正向、光明，不會擔心死亡的恐懼。

第二節　法身報身化身

佛有三身：

第一法身：身是積聚義，凡夫眾生，是積聚業報以為身，隨業受報，感召四大色身。佛是業盡識空，只有一個清淨之身，妙色之體。法身是理積聚，就是積聚真如妙理為身。真如是圓滿清淨，徧一切處，法身是心包太虛，量周沙界。印度語毗盧遮那，意譯為徧一切處，清淨法身，猶如虛空一樣，圓滿周徧十方世界。法身有自性清淨法身，離垢妙極法身二種。自性清淨法身，是眾生本來具足的天真佛性。在有情眾生分上，叫做佛性；在無情萬物方面，叫做法性。經中有說：「情與無情共一體，處處皆同真法界。」離垢妙極法身，是佛在因地之中，修德有功，離了五住煩惱，斷了二種生死（分段生死與變異生死），得證無上菩提道果，究竟成佛。往昔有一位香嚴禪師，聽到撲竹聲音，忽然大悟的說：「撲竹非他物，縱橫不是塵，山河及大地，全露法王身。」蘇東坡說：

「溪聲便是廣長舌，山色無非清淨身。」清淨身，就是法身佛。

第二報身佛：報身是智慧積聚，就是積聚一切種智以為身，智慧究竟圓滿，妄惑徹底斷除，叫做圓滿報身。盧舍那意譯為淨滿，就是惑淨智滿的意思。報身有自受用報身和他受用報身二種。自受用報身，就是佛的智德究竟圓滿無上菩提，斷德究竟永離二種生死。得證菩提覺法樂，與涅槃寂滅樂，這是根本智，以真智住真境，是佛本身受用的報身。（真境指常寂光淨土），就是《華嚴經》說的：「如來現起他受用，十地菩薩所被機。」可是二乘聖人，是有眼看不見佛的盧舍那身，有耳不能聞佛的圓頓大教。十地菩薩根機大，智慧大，就能夠看到報身佛的無量無邊相好莊嚴，這是得後得智。正如讚佛偈說的「阿彌陀佛身金色，相好光明無等倫，白毫宛轉五須彌，紺（ㄍㄢˋ）目澄清四大海。」這報身佛的莊嚴相好，是為十地菩薩發心大士所得受用，這是他所受報身。

第三化身佛：化身佛是功德積聚，積聚無量無邊的殊勝功德以為身。佛是「三祇修福慧，百劫種相好」，能以妙觀察智，觀機施教，隨類現身，普度眾生。化身佛有示生化身與應生化身二種。示生化身佛就是應眾生之機，以大慈大悲之心，能夠大權示現。從兜率宮降生人間，到淨飯王（註三）皇宮為悉達多太子，示現八相成道，即離兜率、降皇宮、入母胎、出母胎、出家、降魔、轉法輪、成佛道。這是小乘教的八相。大乘教的八相成道，就是除了降魔一相，換上住母胎一相。佛十九歲出家，三十歲成道，說法四十九年，把所有一切與佛有緣眾生統統度盡，到了八十歲，就入大涅槃。於無生之中示現受生，於無滅之處而示現滅度。這就是《釋迦如來成道記》開頭說的二句：「淨法界身，本無出歿。大悲願力，示現受生。」此即示生化身佛。至於應生化身佛就是隨類化身，如《觀世音菩薩普門品》說的：「應以佛身得度者，即現佛身而為說法。應以比丘身得度者，即現比丘身而為說法，乃至應以梵王身得度者，即現梵王身而為說法。」所以說佛在菩提樹下得道以後，在一段時間裡，能夠雙垂兩種的相好莊嚴。一種是劣應身，一種是勝應身，也就是說：一方面在寂滅場，示現一千丈高大的盧舍那佛的身，為地上菩薩說圓頓大教的《華嚴經》，這是現勝應身；另一方面，同時又在鹿野苑現一丈六尺高的老比丘身，為憍陳如等五位比丘，三轉四諦法輪。（四諦就是苦諦、集諦、滅諦、道諦）這是佛現劣應身。總之，釋迦牟尼佛，能夠分身十方世界，微塵剎土，普度眾生。這即是「一身不分而普現，萬機感應以無違。」就像洪鐘掛在架上，扣之則鳴。月亮懸在天空，能以水現影。正如「千江有水千江月，萬里無雲萬里天。」這真是不可思議的無作妙力的境界，這就是化身佛。恰如蓮花一般，為蓮故華，華開蓮現，華落蓮成。

生命的三個層次：

第一層　活在物質的世界裡

一輩子被物質假相迷惑所困，全部精力去追求財富名利慾望，身體消亡那一刻也沒弄明白為何而來，迴歸何處，這一世等於白來！

百分之八十五的人活在這個層。

顯示：恐懼焦慮、貪婪自私、憤怒、冷漠羞愧、內疚自責、悲傷、輕狂傲慢、自以為是……

第二層　開始了捨外求內

逐步脫離部分物質控制，有意識的選擇放下一些，開始迴歸到身體本質層面，明白身體是修行的根基，開始了愛自己，花精力去修復還原自我的身體和心靈！

這些人已經懂得了迴歸生命，沉思進入到本源！

世界百分之十一的人在這個層。

顯示：中庸淡定、積極進取、自主承擔、理智明智、隨緣隨性、責任擔當、大愛大德。

第三層　上升到靈性境界

此階段終於悟到：一切遇到的人，一切創造的事，一切經歷的情，都是為了幫自己迴歸生命的本源，沒有好與壞，沒有對與錯。

你看清了自己經歷的一切痛苦，都來自頭腦的判斷分別，這個世界本是一個幻象！

再也不為一切所困擾，沒有了執著，也沒有了痛苦。

神性意識與身體完整合一，體會到了所謂的極樂世界，世界僅有百分之四的人在這一層次。

顯示：無條件的愛、喜悅和平、寧靜、開悟、覺醒、幽默……

人生只是靈魂來走一回的體驗。

生命是個不斷修煉的過程。

不執著，不糾纏，開開心心走一回。

唯有不斷成長，生命才得以昇華。

成就自己，成就他人。

世界本無別人，一切皆道，一切皆愛。

第三節　全心全意念佛

什麼是念？念有時也可以代表心。我們的生命，可分成兩部份，身體上的感覺和思想上的知覺。二者合攏來，就是心，就是念。佛經上經常說「一念之間」，呼吸一來一往，一進一出，這生命才活著。生命就是一口氣。一呼一吸之間，究竟包含有多少感覺思想呢？佛經上說，一念之間有八萬四千煩惱。這就要靠我們自己去體會。佛絕不會說謊，佛是真語者、實語者、如語者、不誑語者、不異語者。

佛國禪師描寫《華嚴經》善財童子五十三參，其中兩句偈子：「有時且念十方佛，無事閒觀一片心。」上句意即初步一心不亂的念佛法門，下句則是成就真正一心不亂的念佛法門。「有時且念十方佛」，說明全心全意念佛，將佛深深印在心上；「無事閒觀一片心」，念佛念到念而不念，不念而念，雜想空，佛號也空。此時真正進入念佛境地，「生滅滅已，寂滅為樂」，同於《維摩經》云「心淨則國土淨」，淨土自然現前。

我們念佛修行，一心不亂不光是念佛法門的初步目標，其他任何修行方法，基本上都要做到一心不亂。即使修學一切外道功夫，也同樣以此為追求的對象。所謂外道不是排斥佛教以外其他的宗教。依佛經言，凡是不識本心，心外求法，皆是外道。天下任何事情都是這個心所造作，學密也好，念佛也好，參禪也好，全由這個心在施為。甚至於普通世間的各類學問技藝，同樣講求聚精會神，心無雜念，否則很難有成就，一心不亂的功夫就有這麼重要。進一步說，假使真證得一心不亂的境界，繼續精進不已。那麼，到達最高的境界，便成了佛。成了佛自然一心不亂，但是這個一心不亂，同念佛法門初步意識上修得的一心不亂，是大有差別。我們可以說，一心不亂包括由最初念佛的一心不亂，直至最後成就佛果的一心不亂，而此二者之間的界限和差別有所不同。

佛經上這個「心」字，有時是代表凡夫散亂的感情思想，所有的胡思亂想都叫它做心，也稱為妄心或者妄想，這個虛妄不實非常困擾人，讓一切眾生永遠生活在煩惱痛苦之中，不得解脫；有時這個「心」別有所指，代表圓滿無缺的「真如」道體，即是法界全在一心，或者一心包含一切法界。「法界」為佛學專用名詞，普通學術上稱為「宇宙」，宇宙代表上下無窮盡的時間，以及四面八方無量無邊的空間。但是佛學在翻譯上並不採用，改以「法界」稱之。法界的含義更為廣闊，涵蓋了宇宙這觀念。因此，最終真正究竟的一心不亂，不是在意識妄想心的層面上，而是法界一心，一心法界；也等於所謂的「真如法界」。禪宗祖師們常言：「心即是佛，佛即是心。」又說：「心外無佛。」意思都是一樣。《華嚴經》云：「心、佛、眾生，三無差別。」這心、佛、眾生、三無差別的境界，正是徹徹底底的一心不亂。依我們現在的平常用語來講，便是做任何事情，在任何狀況下，都要「聚精會神，心無旁騖。」如此，修行才能建立起強固的基礎。

至於念到究竟的法界一心不亂，那便是智慧成就，大徹大悟，一切眾生本來是佛，一切眾生皆在佛心中，佛也在一切眾生心中，心、物、眾生、佛，四無差別。修到、悟到、證到如此境界，非但天人合一，虛空即我，我即虛空，而且天地與我同根，萬物與我一體。這才是真正的法界一心，一心法界。

第四節　學佛與吃素

自古以來佛教都主張吃素，其目的根本的哲學道理在培養慈悲觀念——不殺生。人真能做到不殺生嗎？很難。現在科學昌明，植物經證明也有感情，但沒思想。以佛學的觀點，植物、礦物等屬有生而無命，生命是由感情和思想組合，植物具有機械式的情緒反應。所以吃植物是不是不殺生，還是個問題。空氣中有許多細菌和微生物，碰到人類的口水，身體就死亡；要絕對不殺生，不很容易。孟子曰：「口之於味也，目之於色也，耳之於聲也，鼻之於臭也，四肢之於安佚也，性也，有命焉；君子不謂性也。仁之於父子也，義之於君臣也，禮之於賓主也，智之於賢者也，聖人之於天道也，命也，有性焉；君子不謂命也。」

白話文是說：「口對於美味，眼對於美色，耳對於音樂，鼻對於香氣，四肢對於安逸，這些喜好都是人的本性；但能不能得到滿足，卻是命中注定；所以君子不把這些算作天性，而不去強求。仁愛在父子之間，道義在君臣之間，禮儀在賓主之間，睿智對於賢人，聖人對於天道，一般人都以為是命安，事實上卻是存於本性之中；所以君子不把這些算作命定，而不斷地努力去追求。」印度的婆羅門教，各式各樣的瑜伽學派，都吃素。中國神仙道家倒不吃素，也有少數學仙道的要吃素，所謂「木食澗飲」，就是吃植物，喝天然的溪水。學佛吃素是件好事，但要注意健康，避免造成營養失衡。

素食乃以植物為主要之食物，即相對於以動物為食物之肉食而言。大乘佛法一本佛陀「慈愛與樂，悲愍（ㄇㄧㄣˇ）拔苦」之精神對待眾生，更為護生而制律戒殺。此戒殺即為慈悲精神之實踐，故倡素食。入楞伽經遮食肉品（大一六．五六一中）：「大慧！我觀眾生從無始來，食肉習故，貪著肉味，更相殺害，遠離賢聖，受生死苦；捨肉味者，聞正法味，於菩薩地，如實修行，速得阿耨多羅三藐三菩提。」梵網經菩薩心地戒品亦載（大二四．一〇〇五中）：「若佛子故食肉，一切肉不得食。斷大慈悲佛性種子，一切眾生見而捨去，是故一切菩薩不得食一切眾生肉。食肉得無量罪，若故食者，犯輕垢罪。」同經（大二四．一〇〇四中）又云：「佛子！若自殺、教人殺、方便殺、讚歎殺、見作隨喜，乃至咒殺、殺因、殺緣、殺法、殺業，乃至一切有命者，不得故殺。」即以眾生形體雖殊，而覺性不異，好生惡死之情尤與人同，不應肉食而戕害其性情，是以戒殺、茹素乃實踐佛陀慈悲精神之一種方便法。大乘入楞伽經卷六（大一六．六二四上）：「凡殺生者多為人食，人若不食，亦無殺事，是故食肉與殺同罪。」意即戒殺與素食乃一事之兩面。南傳佛教沿習舊制乞食維生，故僅嚴守戒殺律；而中國佛教則因處北方，不行乞食，多集居自炊，故捨肉食而倡素食。

營養師對於吃素的說法是「吃蔬食」，認為現代人大魚大肉吃多了，腸胃的負擔較重，若透過蔬食的攝取，的確可以讓腸胃消化系統稍做休息。食用新鮮蔬菜和水果，可以降低肝癌、結腸癌、胰臟癌、胃癌、膀胱癌、子宮頸癌、卵巢癌和子宮內膜癌等癌症的發生機率，這樣的說法已經在醫界被證實。衛生福利部台北醫院營養室營養師陳姵蓉表示，不管是因為健康或是宗教因素吃素，國內一直有固定的素食人口，吃素保健這樣的觀念，其實部分正確，卻也不完全正確。陳姵蓉表示，這是因為素食者很容易攝取到青花菜這類食物中的花青素，而這類十字花科的蔬菜含有抗癌物質「異硫氰酸酯」，可以降低多種癌症的罹患風險。陳姵蓉又指出，多吃青菜水果，血液確實比較清澈，而多纖維質的飲食習慣，則能促進排便順暢，並減少膽固醇在體內再被吸收，促成膽固醇的良好代謝作用，當油脂吸收較少的時候，自然不容易發生血管硬化現象，心血管疾病也就不容易上身。

更年期婦女常受到心悸、失眠等困擾，素食當中的乳製品、芝麻或是五穀類、深綠色蔬菜等食物，含有鈣質、鎂質元素，能幫助舒緩情緒、減少失眠等症狀，也能有效預防骨質疏鬆症。除此之外，豆製品當中含有豐富的雌激素等微量元素，對舒緩更年期症狀，很有助益。想做到健康吃素，只要遵循以下原則：一、廣泛選用各種天然食物。二、少油、少鹽、少糖。三、選對素食真食物。吃素須注意的營養素有：蛋白質、鋅、鐵、鈣、維生素D、維生素B十二、Omega-3 脂肪酸。

素食和葷食一樣，兩者沒有絕對的好壞，動物性食物和植物性食物各有優缺，吃得健康與否就在於有沒有選對種類、吃對份量。該如何發揮素食最大的效益，由於少了動物性食物的營養，確保飲食組成的均衡相當重要！

附註

註一：爲西藏紅教之開祖，八世紀頃北印度烏仗那國（今巴基斯坦境內）人。初住那爛陀寺，博通大小乘，稟性機警，善巧方便。玄宗天寶六年（七四七），應西藏王吃栗雙提贊王之請，與寂護、蓮華戒二人一同入西藏，王爲之於拉薩東南方創建桑耶寺，經十數年乃成。師遂宣傳瑜伽祕密法門，翻譯經咒，又現種種神變奇蹟，爲藏人所歸向。師始傳密教於西藏，弘宣佛教，西藏特有之喇嘛教因之大成。

註二：道信（西元五八〇—六五一年）爲我國禪宗第四祖，嗣法於僧璨，傳於弘忍。幼時即慕空宗諸解脱門而出家，隋開皇十二年（五九二），入舒州皖公山參謁僧璨，言下大悟，奉侍九年得其衣鉢。唐武德七年（六二四）住破頭山三十餘年，傳法於弘忍。

註三：中印度迦毘羅之城主，佛陀之生父，其子難陀、孫羅睺羅皆爲佛陀之弟子。淨飯王為師子頰王之長子。巴利文大史及梵文大事，以摩耶及摩訶波闍波提為王之妃。佛陀即摩耶所生。王晚年孤寂，後亦虔誠歸依佛陀，成為佛陀及其弟子之外護者。淨飯王般涅槃經載，佛於王臨終之際，歸迦毘羅城，厚表孝意。

第五章　體現觀世音靈感的真實寫照

第一節　完成人格的六德目

菩薩所修的六種法門，可以自度度他，福慧雙修，三學具足。具體地說，人之成為人時，必須實踐的六種修行德目（六波羅蜜或稱六度），予以實修完成，這六德目並非單獨而具有表裡一體的密切關連。

第一德目：布施（dana / charity），度慳貪，布施意為普捨，眾人都有慳吝（ㄑㄧㄢ　ㄌㄧˋㄣ），不捨，貪得無厭之心。對於錢財物質，不但不肯施捨給人，而且貪得無厭，多多益善，心不知足，惟圖多求。挖空心思，想盡辦法，甚至殺人放火，謀財害命，不擇手段，來貪求財物，做出種種惡業感招惡報。正確的「布」義，是如水滲透於地而廣大無限，至於「施」並不是說施捨福祉的行為，而是以感謝與懺悔之心來返禮於社會的行為。

蓋布施原為佛陀勸導優婆塞等之行法，其本義乃以衣、食等物施與大德及貧窮者；至大乘時代，則為六波羅蜜之一，再加上法施、無畏施二者，擴大布施之意義。亦即指施與他人以財物、體力、智慧等，為他人造福成智而求得累積功德，以致解脫之一種修行方法。大乘義章卷十二解釋布施之義：以己財事分散與他，稱為布；惙（ㄔㄨㄛˋ）己惠人，稱為施。小乘布施之目的，在破除個人吝嗇與貪心，以免除未來世之貧困，大乘則與大慈大悲之教義聯結，用於超度眾生。

布施乃六念之一（念施），四攝法之一（布施攝），六波羅蜜及十波羅蜜之一（布施波羅蜜、檀波羅蜜）。布施能使人遠離貪心，如對佛、僧、貧窮人布施衣、食等物資，必能招感幸福之果報。又向人宣說正法，令得功德利益，稱為法施。使人離開種種恐怖，稱為無畏施。財施與法施稱為二種施；若加無畏施，則稱三種施。以上三施係菩薩所必行者。其中法施之功德較財施為大。布施若以遠離貪心與期開悟為目的，則稱為清淨施；反之則稱不清淨施。至於法施，勸人生於人天之說教，稱為世間法施；而勸人成佛之教法（三十七菩提分法及三解脫門），稱為出世法施。據菩薩善戒經卷一序品載，在家菩薩行財施與法施；出家菩薩行筆施、墨施、經施、說法施等四施；而得無生忍之菩薩則具足施、大施、無上施等三施。上述乃就布施行為之內容、態度、目的等之不同，而有種種分類方式。又施者、受者、施物三者本質為空，不存任何執著，稱為三輪體空、三輪清淨。

第二德目：持戒（sila/morality），度毀犯，使身心清涼，是指菩薩受持佛所制定的清淨戒法，釋迦牟尼佛在臨涅槃時，就囑咐阿難尊者等諸大弟子說：「我在世時，你們是以我為師，到我滅度以後，你們要以戒為師，波羅提木叉是汝等大師。」戒法是得成無上菩提佛果的根本。由戒生定，因定發慧。戒法是三無漏學（註一）的基礎，是渡苦海的法囊，渡迷津之寶筏，暗室裡的明燈。我們對待戒法如同眼睛一樣的重要，應時時刻刻加以保護。

持戒即護持戒法之意，與「破戒」相對稱。即受持佛所制之戒而不觸犯。就清涼義而言，惡能熱惱身心，戒則使之安適。佛垂般涅槃略說教誡經（大一二・一一一〇下）：「持淨戒者，不得販賣貿易，安置田宅，畜養人民奴婢畜生。（中略）當自端心，正念求度，不得苞藏瑕疵，顯異惑眾。於四供養，知量知足，趣得供事，不應稸積。此則略說持戒之相。戒是正順解脫之本，故名波羅提木叉。依因此戒，得生諸禪定及滅苦智慧，是故比丘，當持淨戒，勿令毀犯。」大智度論卷十三分持戒之人有四種：⑴為得今世之樂，或為怖畏、稱譽名聞而持戒，是為下人持戒。⑵為富貴、歡娛、適意，或期後世之福樂而持戒，是為中人持戒。⑶為求解脫涅而持戒，是為上人持戒。⑷為求佛道，憐憫眾生，了知諸法求實相，不畏惡道，不求福樂之持戒，是為上上人持戒相。

戒法有大乘戒法與小乘戒法。「諸惡莫作，眾善奉行，自淨其意，是諸佛教。」也就是願斷一切惡，願修一切善，願度一切眾生，這是大乘菩薩戒法的精神。小乘戒法者，有優婆塞、優婆夷的三皈五戒。三皈：第一皈依佛，以佛為師。第二皈依法，以法為師。第三皈依僧，以僧為師。即是皈依佛、法、僧三寶，以三寶為師。五戒：第一、不殺生。第二、不偷竊。第三、不邪淫。第四、不妄語。第五、不飲酒。優婆塞意譯為近事男，優婆夷意譯為近事女，就是要親覲承事佛法僧三寶。佛在世時，經常教導弟子要嚴持禁戒，持戒修身。

歸納起來有四句話：「守口攝意身莫犯，莫惱一切諸有情；無益之苦當遠離，如是行者得度世。」菩薩修持清淨戒法，自然也能度脫一切毀戒犯戒的種種罪惡，所以佛的弟子一定要持戒修身，才能斷除煩惱，跳出輪迴。所謂「戒為無上菩提本，應當一心持淨戒。」

第三德目：忍辱（ksanti/forbearance）度瞋恨，菩薩修辱行，能度脫瞋恨之心。即令心安穩，堪忍外在之侮辱、惱害等，亦即凡加諸身心之苦惱、苦痛，皆堪忍之。據瑜伽師地論卷五十七載，忍辱含不忿怒、不結怨、心不懷惡意等三種行相。佛教特重忍辱，尤以大乘佛教為最，以忍辱為六波羅蜜之一，乃菩薩所必須修行之德目。據法集經卷三載，菩薩修行忍辱波羅蜜，有六種功德力，即：⑴能忍所罵，菩薩得「如響平等智力」，雖被人叱（ㄔˋ）罵，而能忍受不加報復。如響，謂如空谷之答眾響。⑵能忍所打，菩薩得「鏡像平等智力」，雖被人捶打，而能忍受不加報復。鏡像，謂如明鏡之印現眾像。⑶能忍所惱，菩薩得「如幻平等智力」，雖被人惱害，而能忍受不加報復。如幻，謂如變幻而不實。⑷能忍所瞋，菩薩得「內清淨平等智力」，雖被人瞋呵，而能忍受不加報復。⑸八法不動，菩薩得「世法清淨平等智力」，故不為世間利、衰、毀、譽、稱、譏、苦、樂等八法所動。⑹煩惱不染，菩薩得「集因緣平等智力」，故一切煩惱皆不能染。

「一念瞋(ㄔㄣ)心起，八萬障門開。」瞋恨心是無明業火，我人瞋心一發，怒火沖天，焚燒起來，就不顧一切。什麼罪惡言行，都可隨之發生，把業障之門，大開特開，犯下了彌天大罪，違反了國法人情，造諸惡業。佛說：「瞋是心中火，能燒功德林。」心中只圖報復、雪怨恨，不顧傷人害己，把過去所做的一切功德，善事好事，一筆勾銷，付之東流。瞋恨是六種根本煩惱之一，犯罪可能性大，危害性也就越大。每個人瞋心習氣最深，大有一觸卽發之勢，學佛的人，每逢可瞋對象到來，要緊緊把住這個關口。用最大忍力，不要令瞋心妄動放縱。忍辱法門，從淺至深，有五種不同。

第一、生忍：每當被辱境界到來的時刻，無法迴避，無法抵抗，只好堅強起來忍耐下去，但是心裡感到煩惱難受，十分痛苦，故稱生忍。

第二、力忍：對於辱境到來，不與他計較，用最大力量，退一步讓三分，把它壓下來。一心念佛名號，仗佛號能力，把忿恨之心，安定下來，就像在水下按葫蘆一樣，不能放手，故稱力忍，上述二忍又稱事忍。

第三、緣忍：正當辱境現前，以智慧來迴光返照，修因緣觀。被人侮辱是前世因緣感招的惡果，今生會隨業受報。作受報想，作還債想，自然就把難以忍受的辱境，逆來順受，心情舒暢，不生瞋恨，故稱緣忍，記得「有容德乃大，無欲氣自豪。」

第四、觀忍：每當辱境發生，就用空觀智慧來照察，了知心身世界，一切諸法本來無我可得，我既然是沒有，那裡還有什麼我被侮辱以及所辱的境界呢？這就是能空的我相與所空的辱境二者完全是空的，所以中間的辱相，當然也是不可得。這樣一來，那萬惡的瞋恨心，自然就不會發生，故稱觀忍。

第五、慈忍：菩薩每逢辱境到來時，不但不生瞋恨心，反而發大慈悲心，哀憐愍念，此人愚癡可憐，無理取鬧，妄生枝節，對我打罵毀辱，我能忍受，若無其事，置而不理，不加報復。若對待別人任意毀辱，一定受到報復，相打相罵。這其實也就是借別人的手打自己，借別人的口罵自己。更嚴重的甚至人命傷殘，受法律制裁，將來難逃因果報應。因此，興起無緣大慈，發出同體大悲，方便教化，令他覺醒過來，知過必改，重新做人，斷惡修善，故稱慈忍。這三忍又稱理忍。

菩薩修行發菩提心，要經過三難妙行的大關：

第一、難行能行：眾人做不到的難事，菩薩能做到。

第二、難捨能捨：眾人捨不得的生命、錢財，菩薩能捨得。

第三、難忍能忍：眾人忍受不了的逆境，菩薩能忍受。

從前舍利弗（註二）尊者發菩薩心，修三難行，經不起考驗。三難之中，只做到難行能行，難捨能捨的二難，在最後難忍不能忍，於是祂退失菩薩心，做了聲聞小乘聖人，直至釋迦牟尼成佛時，才在佛座下做一個舍利弗尊者。《佛遺教經》中說：「忍之為德，持戒苦行，所不能及。能行忍者，乃可名為有力大人。若其不能歡喜忍受，不名入道智慧之人。」佛教勸人學菩薩修忍辱度，要明辨是非，分清善惡。對待善人善事，應生慈悲心，修忍辱行；對於惡人惡事，應現威神力降伏魔冤。佛教有二句話：「見佛則拜，見魔即降。」佛陀是慈威並濟，折攝兼施。釋迦牟尼佛在菩提樹下成道時，魔王波旬來破壞惱亂，佛顯大威力降伏天魔。

第四德目：精進（virya / effort），度懈怠，生長善法，菩薩修行，常行勇猛精進，堅定不移。謂勇猛勤策進修諸善法；亦即依佛教教義，於修善斷惡、去染轉淨之修行過程中，不懈怠地努力上進。據大乘莊嚴經論卷八將三乘之精進配以上、中、下三品，即聲聞之精進為下品，緣覺之精進為中品，菩薩之精進則屬上品；又以聲聞、緣覺二乘小利之精進為下覺，菩薩大利之精進為上覺。

精進度的作用能使其他五度，都要精進，即對發心布施、持戒修身、修行忍辱、修學禪定、勤求智慧都要精進。菩薩對三聚淨戒，更要精進力行。精進攝律儀戒，無惡不斷；精進攝善法戒，無善不修；精進饒益有情戒，無生不度。有了精進勇猛，勇往直前的毅力決心，沒有辦不成功的事情，就能度懈怠心，縱有困難險阻，也不能阻礙菩薩的精進毅力。釋迦牟尼佛在因地修行精進勇猛，用一隻腳站了七天七夜，精進修學，所以超過彌勒菩薩先成佛道，這就是精進超百劫的故事。《佛遺教經》說：「汝等比丘若勤精進則事無難者，是故汝等，當勤精進，譬如小水常流，則能穿石。」又說：「若行者之心，數數懈怠，譬如鑽木，未熱而息，雖欲得火，火難可得。」阿那律陀（註三）尊者喜歡睡覺，每次聽佛說法，總是在瞌睡，佛就呵斥他說：「咄、咄，何為睡！螺螄（ㄌㄨㄛˊ ㄙ）蚌蛤類，一睡一千年，不聞佛名字。」阿那律陀聽後甚感慚愧，發奮圖強，精進修行，經過七天七夜，不睡覺，因此，雙目失明。佛就教化他修行樂見照明金剛三昧，用返照自性方法，得到眼根圓通三昧，看得大千世界一切萬物，就像手中所拿的庵摩羅果一樣的清清楚楚。在佛座下他是天眼第一。

第五德目：禪定（dhyana / meditation），度散亂，使心安定，眾生是心性散亂，妄想紛飛，心猿意馬，到處奔馳，剎那剎那，念念不停。菩薩修行禪定，能度脫散亂之心。禪定意譯為靜慮，就是寂照的意思。禪與定皆為令心專注於某一對象，而達於不散亂之狀態。梵漢並稱作禪定。禪定有世間禪定、出世間禪定、出世間上上禪定。

世間禪定：有四禪和四空定。

四禪：初禪離生喜樂地，欲界第六天，他化自在天的天人，知道有了色欲，還是苦惱，心生厭離，發心修離欲定。這個禪定修得成功，就能夠上生色界初禪天，離生喜樂地。即是離了欲界之生，得到初禪天的歡喜快樂。因為定中仍有覺觀，還要加功進步來滅除覺觀理境，才能得生二禪天，定生喜樂地。修習定功，尚有喜心浮動，再來加工進步，滅除喜心，就能得生三禪天，離喜妙樂地。因修學此定，依舊存在著樂想浮動，所以更要加功進步滅除樂想，才能得生四禪天，捨念清淨地，也就是把苦樂二種境界，統統捨除。不但沒有苦，連樂也了不可得。這是色界四禪天所修的四種世間禪定。

無色界四空定：㈠空無邊處地──由於色界第四禪天人修行厭離色相，覺得還是有所掛礙，用定功力消色相，歸於空寂，到了定力成就，就能得生空無邊處地。㈡識無邊處地──因修行滅色歸空，感到空境過於寬大渺茫，不易緣想，就再前進用功，捨空緣識，到了定功成就，能證得識無邊處地。㈢無所有處地──因修行感到識心無蹤，不易緣想，加功進修，把識心捨掉，再來緣無所有，將第七末那的粗淺部分伏而不行，到了禪功成就，能證得無所有處地。㈣非想非非想處地──因所修禪定，先是初觀識無邊處，屬於有想方面，就像生了瘡一樣苦惱，再觀無所有處定，屬於無想方面，就像一個癡呆的人，最後再來觀非想非非想處定，把識心的粗分部分潛伏不行，叫做非想。可是細分部分，依舊存在，叫做非非想，就像一盞將要殘滅的燈光一樣，正是半明半滅的狀況，這叫做無色界非想非非想處定。

出世間禪定：就是羅漢、辟支佛、菩薩（註四）三乘聖人所修所得的禪定。阿羅漢、辟支佛、二乘人得證滅受想定，受想已經滅了，第六意識已不起作用。這種定力能斷除三界之內的見思二種煩惱，能破除我執，沒有破除法執。不能從空出假，入塵垂手教化眾生。唯有大乘菩薩所修的禪定，乃是本來具足的自性本定。就像《楞嚴經》說的首楞嚴大定，以法界為定之本體，近具六根中間，遠得一切萬法，即動即靜，事理圓融，沒有入定和出定與動靜的差別。菩薩與二乘聖人所修所證的禪定，都是無漏禪定，總稱為出世間禪定。

出世間上上禪定：是諸佛如來，所修所證的那伽大定，即是「那伽常在定，無有不定時。」任縱外境千變萬化，內心猶如虛空一樣，湛寂常恒，不生不滅，不動不搖。這就是達摩祖師的不立語言、文字，教外別傳的禪定，六祖（註五）

大師的自性清淨的禪定，昔日釋迦如來在雪山六年苦行深入禪定。達摩大師在嵩山少林寺九年面壁的禪定、六祖大師在黃梅山一年碾米的禪法是一脈相承。由戒生定，因定發慧，修行禪定能度散亂之心。煩惱斷盡，智慧圓滿，就是《楞嚴經》說的「淨極光通達，寂照含虛空」的道理，故名出世間上上禪定。

圓瑛（註六）老法師在寧波天童寺修禪悟道時說：「山窮水盡轉身來，迫得金剛正眼開，始識到家無一事，涅槃生死絕安排。」正如《牧牛圖》說：「人牛不見兩無蹤，明月光含萬象空，若識此中端的意，野花芳草自叢叢。」這就是禪定度散亂。

第六德目：智慧（prajna / wisdom），度愚癡，開真實之智慧，愚癡指眾生要消滅無明煩惱，癡迷無知，就要靠智慧光的般若。般若意譯為淨智妙慧，簡稱智慧。是從實相般若本體，生起觀照般若妙智。有了智慧，對於世間出世間一切諸法，是無所不知，無所不曉。釋迦牟尼佛在成道時，就是把八個妄想識心，轉成為四個菩提妙智，所以說佛是一位大智慧大覺悟的聖人。般若妙智是輝天鑒地，耀古騰今，是指佛本來具足的根本智，還有後得智，就是煩惱斷盡，智慧圓滿，理事成就的智慧，在六度次第位居第六，論它的功能作用，實為第一。布施、持戒、忍辱、精進、禪定五度，如果沒有般若智慧，那裡會發心修行，所以說般若智慧是六度的先導。

智慧也有三種：第一真智，又稱實智，是從其如實理所生起的智慧，從實理起，還照於理。就像一個摩尼寶珠的光，依珠所生，仍然返照於珠。所謂真如理體，就是眾生本有的真心，圓滿周徧。真實不虛，所以叫做真，不變不異，所以叫如。是用如如智照如如理，故名真智。第二俗智，又稱權智。意為權巧方便，它能夠普照世間、出世間、十法界所有一切諸法，種種的名字、相貌、差別因緣等，無不照徹明瞭，這叫做俗諦。第三中智，即中道妙智，不偏不倚名叫中，意即不偏於空，也不著於有。空之與有都是屬於兩邊，中智照空的時候，了知真空不空，具足妙有，全真諦就是俗諦。照有的時候，了知妙有非有，具足真空，全俗諦就是真諦。真所謂真俗圓融，空有無礙。恰如鏡子照東西一樣，鏡中之像，若說它是空的，而幻像宛然存在；若說它是有的，鏡體空無一物，這就是空有互相彰顯，真俗本來一致。這種智照稱為中智。

權教菩薩修行六度以其不能離相，不達三輪體空。唯有實教菩薩修行六度，了知三輪體空，絕相泯心，不見有我能修六度，不見有所度六弊，不見有六度之法。故實教菩薩所修六度，稱為六波羅蜜。波羅蜜漢譯為到彼岸，菩薩修行六波羅蜜，就能從生死苦海此岸，渡過煩惱中流，而到達涅槃的彼岸。釋迦如來佛花了二十二年漫長時間，說了六百卷的《大般若經》，主要是用般若妙智，破除眾生的愚癡；破除外道的邪見，撥無因果；破除二乘的法執；破除權教菩薩的著相。所以說般若如大火聚，四邊不可觸。不論是六根、六塵、六識、五蘊一切諸法，如以般若妙智淨慧一照，當下萬法皆空。這就是《心經》裡面說的觀自在菩薩，行深般若波羅蜜多時，照見五蘊皆空，度一切苦厄。徹底悟知色不異空、空不異色，色即是空、空即是色的道理。這就是智慧度愚癡。

第二節　持誦聖號性靈成長

一、在明朝出現過一位大儒，就是精通五大教的一位通達學者。

古代的學者，不像現在只是一門專精，從前的文人若要受到諸方學子的崇仰，就不能獨尚一家，必須上下千年貫穿，左右儒釋道精通，如此才能自成一大家。這是朱元璋當朝時非常敬重的一位大學者宋濂（註七）（西元一三一〇—一三八一年），著有《宋學士文集》。

朱元璋（西元一三二八—一三九八年）是一位生性多疑、猜忌，不懂得禮賢下士的草莽皇帝。當時一般的學者他都嗤之以鼻，當眾羞辱，唯獨只有這位名重一時的宋濂，朱元璋曾多次敦請他為自己的幾個兒子授課，可見他受重視之一斑。朱元璋公開對大臣們說：「宋先生是我朝一切文史之標竿，舉國上下無人出其右。」宋濂除了對佛教經論深入研究外，註釋過多部佛教經論，於道家更是精通全真派各部丹經，他還有個道號叫做龍門子。朱元璋在位三十年期間，最相信的有兩個人，在軍事方面首推劉伯溫（一三一一－一三七五年），被後人比作為諸葛武侯。朱元璋每一有軍國大事，必垂問劉基。若是關於行政、禮儀、制誥一切典章制度，便會由宋濂馬首是瞻。在明代很重要的一部大典《元史》，就是朱元璋下令由宋濂作為總裁官所完成。

在宋濂為朱元璋簾下做客期間，為朱元璋積了不少陰德。宋濂知悉朱元璋幼時曾在安徽省鳳陽縣皇覺寺（註八）落髮為僧。宋濂是聰明人，雖然朱元璋平日不提佛門中事，但他也知道因果是真，朝中有重大事件，每每也都因宋濂從中斡旋，而救了不少人命。朱元璋不止一次地請問過宋濂，如何當一位稱職的皇帝，宋濂不假思索告以多讀《大學》。在朱元璋往生前，宋濂是唯一不令朱元璋對他產生任何疑忌的臣子，足見他的智慧與多謀勝人一籌。

朱元璋在還未成氣候之時，曾在皇覺寺出家過，當時住持特別具慧眼，深知朱元璋非池中之物，日後必有沖天之時，於是對他時有照顧及開示，格外傳授了準提神咒予朱元璋，告誡此咒具有大神力，惟必須配合菩提心持誦，方能感應如斯。他日若有得志，盼少殺生，多長慈悲心，此咒會助其早遂凌雲之志，要勤加不輟唸誦。朱元璋即便當上了皇帝，仍然未間斷持續誦唸準提神咒。當年采石磯和陳友諒一役，若非準提菩薩加持，明朝的開國皇帝恐怕就是陳氏了。朱元璋也不忘昔日對老和尚的諾言，登基後從未對各地的廟宇毀壞過。

至於宋濂更是早已熟知準提佛母的一切修持儀軌，他的準提法來自於一位明代的高僧所傳。還傳授如儀修持、靜坐、觀念及手印。爾後這位高僧和宋濂都受到朱元璋的禮請入宮多次，甚至朱元璋亦曾公開推讚這位高僧和宋濂，皆因持誦準提咒的緣故，得以世出圓滿，聰穎過人，利己利人。從這段歷史故事上來看，朱元璋、宋濂原來也都是準提菩薩的淨信弟子。

二、清朝的乾隆皇帝（西元一七一一—一七九九年）

每到江南一帶，必會安排到江蘇常州天寧寺（註九）禮佛。在天寧寺的照壁上有著斗大莊嚴的四個大字，是根據當時常州的地方名，一時靈至旋即寫下了「龍城象教」。乾隆之所以寫下這四個字，除了肯定這座南方最著名禪寺的重要性外，還有著對天下蘭若寺廟起馬首作用的深意，蘊意其中。寺廟裡從山門望去便是千手千眼觀世音菩薩，乾隆皇帝每當下江南微服散心的時候，第一個想到的便是先至天寧寺對著山門的觀世音菩薩捻香膜拜，喃喃自語地祈禱。乾隆一見便滿腹愁雲散盡的，就是在天王殿裡的彌勒菩薩。看著祂笑容可掬的表情，如須彌山高，氣吞山河的大肚，帶給乾隆極大的啟發。他都會佇立在彌勒聖像前合掌凝視多時。在乾隆下江南可以數得出來的次數中，他不惜舟中勞頓來到天寧寺，前後有三次。

中國有諸多禪林，但是像天寧寺這般從古迄今，一直被冠上全國寺廟之冠的美譽，卻鮮少有之。主要是它巍峨的大殿及廟中所供奉的佛像，都極為莊嚴巨大，連寺廟的鐘和鼓打起來，都極為震撼人心。天寧寺的鐘和鼓也是其他寺廟無可比擬的碩大無朋，每當晨昏，晨鐘暮鼓敲響之時，在偌大的空間裡所迴盪繚繞的縷縷餘音，所穩定的並非僅僅是那方圓百里眾生的心，同時也是在喚醒千百年來，因為無明而流盪在六道之中，迷途難返的心。配合整座寺廟莊嚴無比的峻宇雕牆、樓台殿閣，如此的環境中，千年來孕育出無數的禪林巨象，如冶開老和尚和圓瑛法師。

治開（西元一八五二—一九二二年，清末民初禪僧，一九二二年冬，誦華嚴經畢入寂）老和尚，與常州天寧寺的因緣頗深，年少時耳聞天寧寺的門風極為嚴峻，方丈和尚是位參禪極有入處的善知識，因而慕名參訪。和方丈定念禪師晤面之後，決定獻身給天寧寺。自此，定念法師所在之處，治開如影般隨侍在側，參學宗下悟語。由於治開老和尚的稟賦優異，任何經文入目成誦，過耳成偈，看在定念法師眼裡，心中有數，將來必成大器。

定念法師圓寂，治開老和尚雖然於禪已有省悟，但仍需溫養參究，於是遍訪名山高宿。到了江蘇鎮江金山寺，在此專修甚久，定境勝前，已達無功用行、圓融無礙的境界，似乎只差最後一著，邊參訪邊進修，到了終南山，深覺此處地氣及氛圍極適合築茅常住。起先並無定處，最終尋覓一處山洞，便在此掩關三年。就在治開老和尚離洞的前夕，山洞頂上突然有聲落地巨響，老和尚不以為意地前往查看，原來是一隻全身黑亮的狐狸，雖然在深夜中猶如白晝般清晰可見，但他心中無任何念頭生起。老和尚知道這三年來千年狐狸一直與他共處一洞，從未現身騷擾。老和尚自忖，自己心無罣礙，亦無所求，在這三年中始終處於如如磐石般的境界之中，感化了這隻黑狐，於是在他要離山洞的前夕，現身相送。

圓瑛（西元一八七八—一九五三年，曾任中國佛教協會首任會長）法師，在中國近代的佛教界，幾乎無人不知、無人不曉，原因是他在年少時，聽聞冶開老和尚的事蹟，心中感悟很深，於是生起追隨之念，到了天寧寺，依止在冶開老和尚座下。冶老心知圓瑛法師是乘願再來菩薩的根器，就把一切宗下要旨盡託。圓瑛法師用四年的時間日夜苦參，二十四歲時在一次打七中突然能空雙泯，桶底脫落，身心空寂，禪境現前，留下了開悟禪詩數則，冶老讚喜有加，隨身授記。而圓瑛法師一生中指引門徒，皆不忘感恩載德冶老對他的接引之德。

圓瑛法師幾乎無一日不講經，加上他的辯才舌蓮，一時之間，十方遠近，法席從未停歇，晚年足跡遍及東南亞國家。他持續扶助多座寺院重整復興，例如著名的鼓山湧泉寺、寧波的報恩寺、古剎的天童寺、福建的開元寺等。有幾則圓瑛法師的感應事蹟—有一天他到某處說法時，忽然看到一條大蟒蛇被捕，立即要成為宴席裡的腹中物，法師解囊將其蟒蛇釋放，並為其誦念解脫方法。

奇妙的是，這條蟒蛇被放生大海之時，還往返岸邊數次，依依不捨，眾人皆看見牠往法師前不斷頂禮。另外有一次舉行大法會，但於法會之前已大雨滂沱多時，法師為了如期舉行，於是向觀世音菩薩祈禱，希望能暫時雨停，驟然間，不消一刻，壇前虛空上，頓時撥雲見日，晴空萬里，人人皆嘖嘖稱奇，信心充滿。

綜觀圓瑛法師的一生，自其見性後，所有的人生都和法離不開，從無個人時間，不是重建寺廟、就是為眾生奔走籌款，要不受邀講經、就是著書立說。稍有閒暇，觀音聖號從未停歇。那怕是生死之際，始終對觀世音大士信解未曾稍怠。法師亦曾對冶老談話間，略微帶及觀音多次甘露施救之點滴，可見圓瑛法師和觀音之緣，應是無始劫來所結。昔日冶老曾對圓瑛法師提示，若要了解佛陀之真諦，楞嚴必讀、必參。從此之後，法師對於《楞嚴經》所花心力最鉅，多處演說從未停歇。法師用功做學問的態度無人能及，夙夜未撤，豆火伴經，以致心力過勞，雖患有隱疾之困，仍然研究撰寫楞嚴超過十年，綜結近百家古今各方尊宿所結之參本，著成《楞嚴講義》。

三、慧明（西元一八五九—一九三〇年）法師

來自於浙江普陀山法雨寺（註十）的一位老和尚。清末民初僧，福建汀州人，法號圓照。九歲於福建鼓山出家，十九歲受具足戒於天台山國清寺，後參學於滬、杭之間。三十二歲開講法華經於法雨寺，此後講經法緣甚盛，多講於普陀山、天童寺、靈隱寺等處。師善於說法，不滯文句，而居處清簡，風格高超，一生力主參禪。其法緣之廣，攝化之深，極獲時賢尊仰，為民國初年滬杭尊宿之一。於靈隱寺示寂，遺有開示錄乙書。

法師年輕時掛單在法雨寺，期間曾經見過觀世音菩薩顯靈，因此發願終生修持觀音法門。圓滿完成般舟三昧行持的法師，是一位具有堅毅不拔、不半途而廢、確定目標勇往直前的上人。可以克服一百天之中，不食、不寐、不坐、不臥、不思、不想，在修持的過程中，對於一切外相不能有所執念，不能有所攀緣，不會對外境所顯現的一切，而內心生起分別心；在修持過程中，對於身體所產生的任何反應和覺受，都不能對色身產生觸的反應；心中所生起任何念

頭，必須要有隨起隨消的覺知。在不斷的精進過程中，遠離了能所，漸漸六根不起分別，連心意識也都一併齊空，便能見得自性。

慧明法師曾經在基隆一座日治時代日本僧人，留下來的庵裡專修《法華經》，從早至晚，每日課誦〈普門品〉三千卷左右。他自己發願專修期間要持誦滿一百萬遍，就在這一年當中，他三次看到菩薩現前，因為此故，他對觀世音菩薩的信念更加信解。

有一天慧明法師感得無盡意菩薩，在關房的虛空處，徹放如豔陽般的身光，逼得正在禪坐持誦觀世音聖號的法師，幾乎無法睜開雙眼。虛空處有聲音告訴他：「慧明、慧明，汝往昔至今皆與觀音有緣，要代為廣傳菩薩妙意是盼。如果可以廣接有緣，功德不可思議，或若教人稱念觀世音菩薩聖號，如此功德將有無量不可思議的福報，此種福報說不能盡，你應盡信。你此世現為比丘身，若精進修持觀音法門，淨土將是必至之處，善護念，善哉！善哉！」法師很清楚地看到，也聽聞到無盡意菩薩所說的每一句話。他當時只覺得從頂門至腳底一片清涼，猶如醍醐遍觸全身一般，他回神過來的時候，早已淚流滿面。

四、王明前（一九四七年）出生於澎湖馬公市興仁里

雙親以捕魚為生，家中有八個兄弟姊妹，他排行老三。王明前每天早起幫忙家務，天資聰穎的他學業也很好，初中畢業後，考上海軍造船廠技術培訓班，念兩年、服務一年。之後考上政工幹校（即北投復興崗政戰學校）專修班，成績優異，是專修班模範生。

結婚不久和妻子謝金花搬到台北市合江街租屋，住在只有六坪的房子。一九七三年，朋友找他做防止屋頂漏水的材料，許多專業知識不懂，只能看說明書摸索，認真地學習，終於由生疏熬到巧妙，事業蒸蒸日上。好景不常，一九七七年發生工安事故，他被電梯壓到，昏迷中急送榮民總醫院，醫師坦言他傷得太重，如果救得活，終身要坐輪椅。醫生將他救活，但是無法完全復元，他輾轉到彰化、高雄又回到台北求醫，希望能夠站起來，經過一年多才回家。此後八年都未出門，在家中工作，以電話開會，繼續公司的營運。那時長女四歲，次女三歲，最小的才十個月大。

面對生活巨變，佛法帶給他光明。有一天讀到一篇經典，裡面有一段話，大意是：「每個人都會遇到困境，如果突破它，就是過程，若被困境打倒，就是結果。你要選擇過程？還是結果？」這段話打開心中糾纏的結，心靈上的崎嶇與黑暗，在浩瀚佛法經典中，引領無比力量。他祈求救苦救難的觀世音：「讓我覺悟無常的真諦；讓我認清生命的價值。願我從今而後，如橋樑道路，綿延人間的好因好緣；讓我卸下執著的枷鎖，給我身心的自在解脫。」十一年前，他又生了一場大病，細菌感染，菌血引起骨髓炎，進出醫院將近一年。

雖然無法站起來，但是，孫子的小手有股強大的力量，傳到他的內心，他告訴自己，一定要堅毅的活下去，撐起這個家，帶領公司發展下去。坐輪椅四十五年，他突破身體障礙，勇往不懈，帶著他創辦的防水工程公司，已有四十九年的歷史，不停地向前衝刺，員工兩百多人，擔任總經理的他，總是親自主持會議，關注公司承包的工程。他很自豪的說：「生命寶貴，時間珍貴。」數十年來，他推己及人，不但挹注澎湖故鄉教育事業，改變學子求學環境。台灣發生九二一大地震、八八水災、高雄氣爆等災難時，他立刻捐輸，也認養了十多個國內外的孤苦伶仃小孩。

五、一九九五年，美國發生一件真實的因緣故事：

一位名叫大衛的商務經營者，因業務需要開車行駛至紐約，到了深夜，精神疲憊，於是下高速公路，發現並沒有旅店，只看到有一家養老院，院長表示願免費讓他暫住一晚。第二天早上大衛離開時，感激的問院長，有無需要他幫忙的地方？院長說：「昨晚這麼晚還沒睡，因有一位猶太老人深夜過世，正想安排他葬在基督教公墓。」大衛聽了後說：「既然是猶太人，為何要葬在基督教公墓？」院長說：「這附近並沒有猶太墓園，在紐約才有。」大衛便表示，他開的是大型休旅車，願意免費順路載猶太老人遺體到紐約猶太墓園。於是院長備好了相關資料交給大衛。

大衛開車找到了安葬猶太人墓園的慈善機構。管理員很訝異的告訴他：「我在這裡服務五十年了，從未見過有人願意免費載著陌生遺體來墓園安葬。」大衛問：「你們為何也是免費來安葬老人呢？」管理員說：「五十年前，有一位猶太慈善家，捐助一大筆錢，並保留一些墓穴給無力安葬的貧困者使用。」當管理員接過資料時，看到死者的名字西蒙．溫斯敦時，訝異的說：「這位名字好熟悉哦！」管理員又驚慌又興奮叫起來，幾位管理員仔細查看各項資料，並確認溫斯敦遺容，大家痛哭失聲淚流滿面，並喊著：「我們尊崇的主人回來了，我們以他為榮，想不到上天展現奇蹟，這位猶太老人，就是當年提供本慈善機構基金的大善人。非常感謝你把他帶回來，這應該是他一生中最希望的安息之地！」

一位孤獨善終的老人，能得到半個世紀前，他自己所種下的善因緣，這不但是善因緣的感動回應，也是天地間最誠真的回報。佛家所說的因緣果報，就如一顆小小的種子，埋到地裡，它終有一天，會成為濃蔭蔽天的巨樹。

第三節　作者親證觀世音感應事蹟

一、修集功德，廣結善緣（布施）

（一）「九二一」大地震，又稱為集集大地震，是指一九九九年九月二十一日凌晨一點四十七分，發生在中部山區的逆斷層型地震，共持續大約一〇二秒（一分四十二秒），期間全島都感受到明顯搖晃。位於南投縣集集鎮境內，震源深度八公里，芮氏規模七．三。全台陷入一片漆黑恐懼之中，是台灣自二戰後，傷亡損失最嚴重的自然災害，造成二四一五人死亡，一一三〇五人受傷，五一七一一棟房屋全倒，不但人員傷亡慘重，也震毀許多道路與橋樑交通設施、堰壩及提防等水利設施，以及電力、維生管線、工業系統、醫院設備、學校等公共設施，更引發大規模的山崩與土壤液化災害，位於震央的中部受災最嚴重。

各地軍營開放收容安置災民，全國人民自發性的發起支援災區的義行，救難物質源源不絕湧入災區，各縣市捐血車出現排隊人潮，捲起袖子捐出熱血，搶救災區傷患造成的嚴重血荒。台灣遭遇百年來最嚴重的災情，凝聚了社會的愛心和團結力量，共同撫平傷痛重建家園。災難帶來哀傷，卻人眾人心手相連，我們見證了破壞與重生，學會了記取傷痕，珍惜生命，成為付出代價最高的生命教育「活教材」。

為哀悼地震逝世的民眾與警惕自然災害的威脅，政府於二〇〇〇年訂立每年九月二十一日為「國家防災日」，並舉行地震演習，以求災害來臨時能做好防護措施，將傷亡降到最低。作者台中北屯老家，近在咫尺的「舊社公園」，到處都是鋪被而睡人滿為患的人群。作者基於「人溺已溺，人飢已飢」之仁愛、慈悲的胸懷，透過「台灣兒童暨家庭扶助基金會」，每月固定小額捐款，救助失去家人的兒少，迄今已有二十餘年。

（二）有鑒於年歲漸長，子女均已成長立業，無後顧之憂，和內子迭次商量，遂於二〇〇八年十二月一日，進住環境清幽的台南榮家「博愛堂」，自費夫妻房。約六坪的套房，每月連同伙食二萬元。進入榮家大門，在左側就有一塊銅製鐫刻「台南榮譽國民之家誌」。

作者在榮家六年，秉持「願力長在我心」初衷，竭盡心力，為榮民伯伯效勞服務，概要服務工作如下：

1.開闢「龍的天地」—榮家自一九五三年創立至今，已屆一甲子，在「長青活動中心」，開闢「龍的天地」，讓袍澤在樂和恬適的環境中，安康福慧，頤養天年，彰顯榮民崇功報勳的偉業。

2.擔任「管理會」首屆會長──本於無限關愛，多方體恤與熱心服務的精神，從自我要求，共同遵守團隊紀律，營造溫馨的大家庭。

3.以茶會友，品茗聊天──為使榮民（眷），不拘形式，談笑趣談往事，藉以提昇生活樂趣，增進彼此情感，促進社交互動，預防老人失智症。每月兩週一次的泡茶活動，排入當週「快樂週報」公告於各堂隊。所有茶葉、咖啡與點心等料品，均免費供應，榮民（眷）自行享用。

4.舉辦「樂活人生」講座──由伯伯自行擬訂主題，提報自身人生閱歷，肯定自我的表現，分享每個人的人生價值。

5.編輯「六十週年」專刊──榮家為慶祝建國百年暨榮家成立一甲子，辦理「緬懷舊回憶，傳承新歷史」實施計劃，由作者擔任專輯總編輯。

6.口述歷史訪問──為現代史保留忠實而深入的紀錄，訪問六位榮民（眷）與五位員工真實事蹟，自然流露，不刻意修飾文詞。

每次泡茶閒聊中，各堂有多位榮民伯伯，向作者道出心聲，很企望能組團到金門旅遊參觀。作者為了達成長輩先賢的宿願，和「泡茶班」的同仁，多次研議，於二〇一四年五月十三日至十五日，由本人擔任領隊，舉辦「榮民（眷）金門知性、戰蹟、文化」之旅活動，共計二十八人參加。從榮家住地出發至金門（在小港搭機）去回，均由「泡茶班」的壽美、興寰和菊英倆夫婦，以及素華等五人，我們五人一路上穿著「台南榮家志工」背心，為這一行人服務（其中有三位行動較不便伯伯，我們推輪椅代步協助參訪）。「布施」看起來是給人，實際上是給自己；你不播種，那會有收成、能有所得，要有人緣，就要行布施。

（三）作者深切瞭解台東後花園是偏遠地區，生活機能相對較差，更需要有善心人士，前往投注。作者經屢次和內子商量後，決定把台南榮家服務的品項，交給原「泡茶班」的四位熱心同仁持續辦理。作者於是在二〇一四年八月一日，由台南榮家轉赴台東「馬蘭榮家」報到，繼續為榮民長輩服務。為了讓伯伯走出臥室，踴躍參加「樂齡社團」活動，作者有感於長輩年歲漸長，甚至有行動遲緩伯伯，作者以同理心、憐憫之心，於二〇一五年三月三十日，向台中「力富有限公司」訂購一部品牌 Littek 六人三排座椅電動車（有別於高爾夫球場使用之二排四人座椅）供長輩使用。平日也可以乘坐到附近「台北榮總台東分院」看病，尤其在下雨天或炎熱天氣，看到伯伯能避雨、避熱，流露著絲絲情懷，場景的確令人欣悅！榮家有意要把作者的姓名鑲嵌在電動車顯明處，本人聞悉後告知：「若嵌印姓名在車上，我就不捐獻了。」因此，這部電動車就是無名氏善心人士所贈。另外每年三節，仍然匯款給台東育幼院與關山療養院，表達個人關懷之心。「愛」就是看見他人的需要，形成正向，「善」的循環，生生不息。

（四）我海軍「太平」艦於一九五四年十一月十四日，夜間在大陳海域被共軍魚雷快艇擊沉，包括副長宋季晃中校等二十九名官兵殉職，這是二戰以後全世界被擊沉最大的一艘軍艦，引起國際間重視。「太平」艦是二戰末期美國援贈的護航驅逐艦（）第一批，有兩艘與另六艘掃雷艦合稱「八艦」，是早年海軍作戰艦艇的主力，一九四五年八月轉贈我海軍，被擊沉時艦長為唐廷襄上校。

一九五五年初，全台各校高中職學生，紛紛請纓從軍報國，在蔣公昭示「太平」艦建艦復仇運動中，風起雲湧，答名響應，有三萬餘人，經過甄選有十分之一進入各軍事院校。作者愛國報國之心不落人後，於九月十日赴北投復興崗「政工幹部學校」（本校創辦人蔣經國，於一九五一年七月一日所創建。一九七〇年十月三十一日改名政治作戰學校）報到，成為第五期學生，正式接受文武合一，術德兼備的頂天立地軍人。在三十七年軍旅戎馬生涯，從少尉晉升將軍（畢業同學四三二人，晉升將軍二十二位），受到國家栽培、長官提攜、以及袍澤的友愛，時時念念永難忘懷。

母校的培育，「飲水思源，不能忘本」，作者於二〇一八年六月四日，應邀回校頒發先前捐助的「獎學金」，給品學兼優家庭清寒的同學。心田綻開溫情的花朵，其中微妙，點滴在心頭。有能力、肯施捨嘉惠莘莘學子，是個人一種福氣。

二、落實綱紀，安住實相（持戒）

（一）一八九五年至一九四五年是日本統治台灣的歷史時期，在這統治的五十年，對殖民地的歧視與剝削，引發台灣人民的不滿，進而醞釀各種抗日行動。不僅如此，使各列強國家更虎視眈眈，伺機掠奪，讓台灣陷入泥淖深淵中。歷史是一面鏡子，藉由歷史事件的記載，我們有所借鏡，不再重蹈覆轍。據《清史稿》記載，當時台灣巡撫唐景崧憤慨的說：「棄地區不可，棄台地日數十萬之人民為異類，天下恐從此解體，尚可情以立國？且地有盡，敵欲無窮，他國若皆效尤，中國之地可勝割乎？」

三百多年前林氏祖先自福建漳州渡海來台，十五世仲林公落腳台中地區，以頂橋子頭住居較久，歷經多少險阻艱難，化險為夷。子子孫孫在各行各業，尚能恪守崗位，胼手胝足，踐履篤實，勤儉持家與鄉閭村民和樂相處，共生共榮。

早在一九〇〇年元月起，全台第一批招募約三百人青年入營服役，由於戰爭規模不斷擴大，所需兵員越來越多，當局在一九四二年開始，實施陸軍特別志願兵、海洋特別志願兵，並於一九四五年全面實施徵兵制。日本不信任台灣人的忠誠，極少台灣人以正規戰鬥員身份上戰場。據日厚生勞動部門統計：戰爭期間總計三萬三百四十台灣人死亡，其中二萬八千名戰死的日籍台灣兵，供奉在日靖國神社。另《中國陸軍總司令部受降報告書》中，列有海外共近十五萬名的台籍軍民，均在集中營等待遣返。一九四三年十一月二十五日，台灣第一次受到美軍的空襲，從此之後，全島籠罩在空襲的恐怖之中。一九四五年八月十五日，日本戰敗宣告無條件投降。由蔣中正日記可知，中華民國政府對日抗戰有三個目的，包括收回東北、廢除不平等條約，以及收復台灣。二〇一五年八月十五日是日本二戰七十週年紀念日，日皇明仁偕皇后美智子，在戰亡者牌位前默禱並表示對大戰深切反省，是歷來首見。

據雙親面告：「作者在一九三八年夏天，還不足三歲，患了嚴重的瘧疾感染，不但發燒、畏寒、嘔吐還頭痛。雖然在台中有兩位近親醫師可以診治，但是無處可取藥解救。因為軍事第一，幾乎所有藥品都送到南洋的菲律賓、新幾內亞、印尼等戰爭上，供日軍使用。父母涕淚悲泣，眼睜睜無助的看著突如其來的無妄之災。」

作者從文獻中查悉，瘧疾拉丁語 **Malaria**，中文俗稱打擺子、冷熱病、發瘧子，是一種會感染人類及其他動物的全球性寄生蟲傳染病，其病源瘧原蟲藉由蚊子散播，在嚴重的病例中會引起黃疸、癲癇發作、昏迷或死亡。依據世界衛生組織（**WHO**）資料，二〇二一年，全球感染人數約有二億四千七百萬人，造成六十一萬九千人死亡。台灣光復初期感染極為嚴重，當時總人口為六百萬人，其中約有五分之一的人口感染瘧疾。由於政府大量投入防治工作，一九六五年 **WHO** 正式將台灣列入瘧疾根除地區。瘧疾與貧困息息相關，嚴重影響人民生活及經濟發展。

左鄰右舍聞悉作者這麼幼小染上疾病，不幸的惡耗，紛至沓來關懷，亦有好心人士，告以民俗療法醫治，雙親向來不信民間「偏方」，婉謝外，晝夜祈求靈感的觀世音加被扶持，四、五天之後，奇蹟出現，不可思議，作者原以軟弱身軀，竟然逐漸甦醒，小小臉蛋也由青黃色變成微微紅潤，雙親見此情景，趕緊抱起稚幼的我，跪向觀音佛像，一再叩恩感念！從死亡邊沿拉上人間正道之路。這一幕生死臨界點，啟發了我爾後「心善慈愛，循規蹈矩」的重要關鍵。

（二）先父庚申承襲十九世，是日治時代台中一中畢業，當選過台中市第一屆模範父親；慈母許彩雲卒業於彰化女中，曾服職於報社、電訊局等單位。作者共有兄弟四人、妹妹五人，父親在台糖公司擔任一名奉公守法、負責盡職的公務人員。大家庭日常開銷，食指浩繁，惟在雙親「省吃儉用，力求撙節」之下，我們兄友弟恭，姐護妹愛，家庭充滿幸福安康，洋溢著溫馨甜蜜的氛圍。

一九五二年夏天，我們是住在原「台中縣潭子鄉潭子糖廠」（一九一八年落成，一九六九年八月改為台中加工出口區）舊日式宿舍。依稀記得某一天炎熱天氣，家人正在午睡休息之際，剎那間有一條約九十公分長的蛇從榻榻米鑽出來，驚駭之間，我不假思索，拿起掃把就要打牠，母親見狀勸阻搶著我手上的掃把，輕輕驅逐，只見在旁的父親雙手合十，念念有詞，不多時這條蛇徐緩的離開。母親說：「蛇也是一條生命，世間的一切生物，都有它的靈性，我們不可隨意殺害或拋棄。每個人要有憐憫之心，好生之德，種善根修正念，才會有好報！」先父往生時八十四歲，慈母則八十八歲離世。

台灣地處亞熱帶，山林鄉間到處都有蛇類出沒。根據統計，台灣本土蛇類共有五十一種，其中十五種為有毒蛇。毒的蛇中，又以六大毒蛇最為著名：雨傘蛇、眼鏡蛇（又名飯匙倩）、百步蛇、龜殼花、赤尾鮐（俗稱青竹絲）及鎖鏈蛇，毒蛇傷及人畜的消息時有所聞。由歷史角度來看，蛇毒研究的首要人物，當推日治時代唯一的台籍醫學教授杜聰明博士。當時，多虧杜博士挑選出蛇毒這項深具本土優勢的研究素材，並帶領一群高素質門生，打下紮實基礎，才使得這項研究完全沒有受到日本戰後撤退的影響，牢牢根植在台灣自己的環境與人才之中，日後也才有機會在一九六〇、七〇年代大放光彩。

（三）明．賈仲名《昇仙夢》第一折：「先將他點化為人，後指引來入仙隊，斷絕了利鎖名韁，逼綽了酒色財氣。」嗜酒、好色、貪財、逞氣，此四事最為常人所好，卻最易害人，世俗每以此為「人生四戒」。「酒、色、財、氣」，是指人的各種不良嗜好與習性。酒香奪志、色滿銷魂、財迷心竅、氣斷江山。

北宋大文豪蘇東坡，有一次到大相國寺探望好友林了元（即佛印和尚），不巧，了元外出，侍持和尚就請東坡在禪房休息，並特意端上了香茗美酒素餚款待。東坡獨自斟酌，不覺有些微醉，偶一抬頭，見粉牆上新題有了元的詩一首：

酒色財氣四堵牆，人人都在裡邊藏；

誰能跳出圈外頭，不活百歲壽也長。

東坡見詩頗有哲理，但覺得四大皆空，禪味太濃，既然人世間離不開酒色財氣，是躲也躲不開的事，那為何不能來個因勢利導，化害為利呢？問題的主因不是掌握一個「度」嗎？於是，就在了元題詩右側題上《和佛印禪師詩》一首：

飲酒不醉是英豪，戀色不迷最爲高；

不義之財不可取，有氣不生氣自消。

題畢，把筆一擲，乘著醉意離開了禪房。翌日，宋神宗趙頊（ㄒㄩˋ）在王安石的陪同下，亦來到大相國寺休憩，神宗看了佛印與東坡的題詩，饒有風趣。於是笑著對安石說：「愛卿，你何不和一首？」安石應命，略一沉吟，即揮筆在佛印題詩左側題《亦和佛印禪師詩》一首：

無酒不成禮儀，無色路斷人稀；

無財民不奮發，無氣國無生機。

王安石真不愧為大政治家、大改革家，以詩人的慧眼，跳出了前人的窠臼，巧妙地將酒色財氣與國家社稷、人民生計結合起來，把人們難以脫身的酒色財氣，賦予新的蓬勃生機和喜慶色彩。神宗深為讚賞，乘興也和詩一首，其詩云：

酒助禮樂社稷康，色育生靈重綱常；

財足糧豐家國盛，氣凝太極定陰陽。

君臣在大相國寺，以酒色財氣為題，先後和詩，各抒己見，別有一番情趣，自此被傳為千古佳話。

我林家九個兄弟姐妹，除了作者偶爾淺嚐，其他沒有一個人喝酒、抽煙，賭博更是遠離藩外。作者在高中、大學時代，這些惡習卻不曾受染。軍校畢業，分發野戰部隊，尤其戍守外島期間，才和袍澤小酌。每逢冬季冷冽氣候來襲，很難安眠，在睡前喝杯高梁，多少可以暖身禦寒，暢通血液，我不否認，也曾有喝酒失態之時，引為憾事！

一般人以為喝酒臉紅是保護色，據國民健康署指出，而是「警告色」，表示有酒精代謝不良的基因缺陷。又據史丹佛大學研究，台灣人酒精代謝基因缺陷率高居世界第一，喝酒罹食道癌風險較一般人高十四倍，需要節制。世界衛生組織國際癌症研究署把「乙醛去氫酶」（簡稱ALDH2）列為人類的一級致癌物，不僅如此，乙醛易引起牙痛、心悸、嘔吐、宿醉，以及心血管疾病與失智症風險。因此，喝酒臉紅的人，代表身體中缺乏ALDH2，難以清除酒精代謝後的毒性乙醛，而比一般喝酒的人，更容易罹患食道癌、口腔癌、心臟病等，而台灣高達近一半的人有ALDH2缺陷，必須提高警覺，若能遠離杯中物，永遠身體保健康，嗜酒的癮君子，自當警惕！

（四）「男大當婚，女大當嫁」，作者於一九六八年元旦吉日，經親戚王阿標先生介紹和豐原「開元傷科院」醫師張前海次女富女小姐結成良緣。憶及結婚前半年，時值三十二歲，官拜少校，在父母陪伴，由媒人阿標介紹雙方認識。初次和富女晤面，兩人皆未談話，彼此顯得坐立不安，尷尬靦（ㄇㄧㄢˇ）腆（ㄊㄧㄢ）。一週後，作者就和富女閃電訂婚，岳父母大人十分開明爽朗，一切習俗能免就免，直接嘉惠的我暗自稱喜，因為，那時軍人待遇差，本人經濟條件有限。

自古就有「姻緣天註定」的說法。古人認為，婚姻是天定的緣份，夫妻之間講「相敬如賓，恩愛體貼」，恩在先，愛在後，尊天命，夫妻才能白頭偕老。有緣千里來相會，無緣對面不相識。「緣」就是因緣的略稱，有了因緣的和合，就有了種種人生的演繹。如果你不重視因緣，你的婚姻隨時出紕漏，導致分手與離婚。婚姻幸福與否，快不快樂，皆取決於夫妻兩人是否珍惜。婚姻是前世有緣而命中註定，有上天賜予、孽業結合，但不論是什麼樣的婚姻，始終還是要彼此培養、珍惜、尊重、忍讓、理解、諒解、包容、堅持（專一）等等，方能喜結良緣，珠聯璧合，美滿幸福，百年好合，永壽偕老！

何為「姻緣」？姻字，從女從因，因字從口從大，大就是張開雙臂的人，外面的口指的是人活動範圍，由人的心來決定，心有多大，世界就有多大。這就與起心動念有了關聯。而因字加了女就成了姻緣的姻。那緣字，是從糸從彖，彖（ㄊㄨㄢˋ）就是蠶，自己吐絲把自己包起來，所以，緣是自己造出來的。而彖字在《周易》中為卦辭，有斷卦之意，自是又與天意、命運緊密相連。古語有云：「夫妻是緣，有善緣有惡緣，無緣不聚。」明《增廣賢文》又曰：「一日夫妻，百世姻緣。百世修來同船渡，千世修來共枕眠。」

作者和內子富女的婚姻是「媒妁之言」，姻緣而促成的，五十餘年來，兩人基石就是責任和道義，來穩固家庭的和睦。在她相夫教子中，以她的賢淑、善良的德行維繫家庭，總的來說，一路走來到了遲暮之年，我倆從未因某件事而爭吵，更不會有辱罵、惡言惡語魯莽舉動，始終守護著「互敬互愛，彼此扶持」心志，恩義重於情懷，來走完這一生。

（五）先父於一九九六年十一月十五日，走完了八十四載人生辛苦歲月，作者痛心疾首，未能盡到人子之孝，抱憾之至！一九八九年寒冬歲末夜晚，慈母驟然中風，經送院治療，即不良於行，惟尚能自行起臥，以湯匙用餐，大小便在床邊設置自動化馬桶，不需全天候照料，在附近住家的大妹，每天也前來數次照應。一九九六年第二次再中風，這次情況嚴重，除左手稍可動彈之外，諸如扶身、躺臥、三餐、洗澡、換尿褲等，均需有人照拂。作者懍於「反哺須及時，報恩在今朝」的使命感，提前四年自「黎明文化公司」申請退休，承擔照護慈母的責任。

出自唐代孟郊（七五一—八一四年，著名詩人，現存詩歌五百多首）的《遊子吟》：

慈母手中線，遊子身上衣。
臨行密密縫，意想遲遲歸。
誰言寸草心，報得三春暉。

作者戎馬生涯三十七年，歷經野戰部隊演訓、戍守金馬外島，以及應邀赴國外協助友邦軍政場域，十之八、九勤於公務，甚少和家人相處。作者一生服軍職，從未或忘「奉公守法，戒之身外之物。」宋太宗為了告誡各級官員，箴言刻在石頭上，稱為「戒石銘」，這十六個字：

爾俸爾祿，民膏民脂；
下民易虐，上天難欺。

意即：你們所領的俸祿，都是人民血汗，不要覺得百姓好欺負，騙不了老天。勸勉為官者，不該壓搾人民血汗錢，養肥自己口袋。蜀漢昭烈帝劉備臨終前，留給太子劉禪的遺詔：「勿以惡小而為之，勿以善小而不為。惟賢惟德，能服於人。」唯有賢德，才能讓人臣服。

這首《遊子吟》對作者來說，特別感同身受，孺慕之情，難溢於言表：深摯的母愛，無時無刻不在沐浴著兒女們，然而對於孟郊這位常有顛沛流離、居無居所的遊子來說，最值得回憶的，莫過於母子分離的痛苦時刻。此詩描寫的就是這種時候，慈母縫衣的場景，而表現的卻是詩人深沉內心情感。開頭兩句「慈母手中線，遊子身上衣」，用「線」與「衣」兩件常見的物品，將「慈母」和「遊子」緊密聯繫在一起，寫出母子相依為命的骨肉感情。三、四句「臨行密密縫，意恐遲遲歸」，透過慈母為遊子趕製出遠門衣裳的動作與心理的刻畫，深化母子骨肉之情。母親千針萬線「密密縫」，是怕兒子「遲遲」難歸。偉大的母愛，從日常生活上，自然地流露出來，慈母的形象真切感人。最後兩句「誰言寸草心，報得三春暉」，是孟郊直抒胸臆，對母愛作盡情的謳歌。兒女像區區小草，母愛如春天陽光，兒女怎能報答母愛於萬一呢？寄託著赤子對慈母發自肺腑的愛，愈益親情之可貴。這首詩，無藻繪與雕飾，凸顯清新流暢，淳樸素淡，正見其詩味的濃郁醇美，流傳千百年無數兒女們強烈的共鳴！

作者在台中老家「居家照護」母親，廝守六年期間之「自勉語錄」：

不可推卸—義不容辭的勇於承擔。

不能悲情—積極樂觀的面對人生。

不應侷限—融入社會，結合人群。

人生不如意事，十常八、九，個人照護慈母之心，始終如一，願力堅定，竭盡心力，從未懈怠。「父恩比山高，母恩比海深，百善孝為先。」慈愛的母親，於二〇〇三年八月六日撒手人寰，蒙觀世音寵召，到極樂世界。母親如同暖陽，如同甘露，滋養著我們、呵護著我們，和我們長相左右。

三、胸襟開闊，恒順衆生（忍辱）

（一）一九六一年六月十六日，經過一個月嚴格訓練，作者取得「空降訓練中心」跳傘及格證書，並榮獲指揮官余伯音將軍「最優表現獎」。

傘兵（Paratrooper）是接受過跳傘訓練的士兵，一般作為空降部隊的一部分，進行行動，主要是以空降到戰場為作戰方式，其特點是裝備輕、機動性高、兵員精銳。通常獨立建制為師級或旅級，直接隸屬於軍團級或更高級別的指揮機構。許多國家將空降兵歸於特種部隊指揮部管轄，我國軍亦然。時至今日，因武器與作戰觀念的發展，雖然各國仍然備有傘兵，但是培訓及保持傘兵作戰能量的高成本，使得大多數國家無法維持師級以上的傘兵編制，加上直升機的普及化，使得空降作戰另闢途徑，一些傳統傘兵逐漸轉型成空中突擊兵，如美國一〇一空降師，而我國軍稱作「空降特戰部隊」。

當年作者戍守金門，以上尉階級，在金防部嚴選下，來到屏東大武營接受傘訓。那個年代，國家處於風雨飄搖，最艱困的時期，能夠參加傘訓是一件極光榮的事，因此，接受訓練的學員，無不戰戰競競珍惜這得來不易的機緣。據悉，我們這批接受傘訓的校尉官，隨時侯令派遣執行「特定任務」。接受嚴酷的傘訓，必須先經過「五項運動」之考驗：1.仰臥起坐七十六次2.單槓懸垂曲肘二十次3.伏地挺身五十四次4.交互蹲跳七十八次5.三千公尺徒手跑步。「跳台」是基本傘訓的主要訓練項目，「吊架」訓練，沒有現在完善，至於「高台」懸吊，更談不上。不過傘訓教官和助教在訓練當中，有極高的權威，各種動作不能馬虎，虛應了事。那時我們跳傘用的舊式T—五型之降落傘，現已改用先進的T—10V型降落傘。初訓共跳五次，都在白晝時間，複訓隔兩年後實施，即白晝跳傘三次，夜間跳傘兩次。談到夜間跳傘，在一片漆黑黑的夜色下，的確緊張又害怕。作者每日早晚都誦念觀世音名號，多少消除恐懼之心，確保自身之安全。每次跳傘都抱著忍辱負重，勇往向前的堅定意志，往事記憶猶新，歷歷在眼前，惟有經歷過嚴格的磨鍊，方能留下永難忘懷的印象，始能竟全功，完成艱苦而冒險的挑戰！

（二）腦性麻痺（Cerebralpalsy）簡稱C.P，是以肢體運動功能障礙為主的多重性障礙，為一種非進行性的腦部病變，是大腦在發育未成熟前，受任何原因造成控制動作的某些腦細胞受到傷害或病變，所引起的運動機能障礙。有時傷害也會影響到控制動作以外的其他腦部區域，而合併成視覺、聽覺、語言溝通及智能與學習發展上的多重障礙，這種疾病平均壽命是十三歲。因為是腦的傷害所造成的結果，雖然不會惡化，但它永遠不會好。這是指受到破壞的腦細胞與腦組織，是腦和其他器官最大的不同。腦細胞一旦死了，就不會再長出新的來，而腦組織壞了，也無法移植一個好的腦過來。

作者很不幸，「腦性麻痺」竟然落在吾家，是次子建興，生於一九八〇年十一月九日。肇因助產士一時疏忽而引起腦細胞缺氧的嚴重腦性麻痺。除了肢體動作控制異常，運動功能障礙外，伴隨有智能障礙，視覺、聽覺、語言及學習等多重障礙，其他如整體發育不良、身心健康遲緩，甚至還有癲癇等症狀，使得我們全家在日常生活上，引起不少困擾。內子每二、三周從原居豐原來回，帶他到台北振興醫院療治，備極勞苦，從無怨尤。據醫生稱：「建興是腦性麻痺類型當中，最嚴重的患者。他的肌肉常呈現高張力，導致身體僵硬而出現緊縮的狀態，在不正常的狀態下，因而動作遲緩與笨拙。又因肌肉張力隨時在變，自己無法控制；動作有時快而猛，頭頸、口腔功能控制困難；下顎亦無法穩定，常流口水，且進食差、無法發聲和說話，還有上、下肢向內側轉，肘關節與膝蓋變曲，手掌握緊，雙腳無力癱瘓……」。

雖然家裡有這麼一位身心障礙的孩子，我和內子從未有放棄的念頭，悉心照料，視他為上天所賜的「寶貝」，自己承受「罪業」的衍生，從個人心中掀起無限的觀照與慈愛。十五年的煎熬，母性光輝充分顯露，歡笑和淚水交織著，但是我們全家仍然毅力不拔，和樂融融。「寶貝」終於敵不過病魔侵襲，於一九九五年六月五日器官衰竭，離開了林家。作者抱著他不捨，老淚縱橫，久久無法釋懷，自言自語的說：「**寶貝！你在人世間吃了不少苦頭，好好的跟隨大慈大悲的觀世音去吧！**」

（三）蔣經國（一九一〇年四月二十七日—一九八八年元月十三日）字建豐，第六、七任中華民國總統。奉先總統蔣中正之命，記取大陸戰亂失敗的教訓，在台灣進行政工制度的改制；經國先生認為，政工制度是為統一部隊意志，鞏固部隊團結，強化部隊戰力，為爭取戰爭勝利，復國成功而存在的良好制度。一九五一年七月一日於北投競馬場（即今日復興崗）創建政工幹部學校（一九七〇年十月三十一日改名政治作戰學校），以培養思想正確、品德健全、能奮鬥、肯犧牲之忠貞革命鬥士，全面提高政戰幹部素質並落實革新政治訓練，經過七十三年的整軍經武，銳意建設，遂有今日政戰之宏規。

作者有幸於一九八九年元月一日，**奉令由軍團調任母校教務長，逾兩年直升副校長**。在校四年，捫心自問，囿於個人學淺才疏，能力未逮，雖勉予達成上級交付之任務，惟尚有諸多校務，不盡理想，虛心反省，徹底檢討，自感慚愧，內疚不已。

憶起一九九三年三月二十四日，因急性膽囊發作，送進當時在台北汀州路的三軍總醫院開刀。在開刀前的一、二年，常感覺胃痛不舒服，學校醫務所醫院開藥給服。就在同年三月二十日，醫官細心診斷結果，認為不尋常，才決定送三總。

整體而言，若發生膽結石移動的悶痛、脹痛、絞痛，或無症狀，但有高危險併發症患者，都可先選擇腹腔鏡膽囊切除手術治療，避免日後發生嚴重的併發症。為何要膽囊切除？膽囊最主要的功能是儲存膽汁，切除後儲存膽汁的功能就由膽管來執行，但膽管並無法儲存大量的膽汁。所以吃的食物油膩時，就沒有足夠的膽汁來幫助脂肪的消化，糞便會比較油一點，甚至排便不成形，像是腹瀉的感覺。切除之後，已沒有膽囊儲存膽汁，在肝細胞分泌的膽汁會持續流至上消化道，造成食道炎及胃炎。手術後的病患，要多攝取富含纖維質的食物（蔬菜、水果），盡量清燉、涼拌等不用油烹調的食品，適量攝取油脂含量較低的雞、魚類。

容易形成膽結石的原因，包括體質、遺傳家族史傾向、懷孕、節食快速減肥，或習慣久坐不動等生活型態、喜吃大量脂肪和糖分的飲食，干擾膽汁濃度平衡。另外膽道感染形成膽砂淤積也會造成膽結石。

筆者膽囊切除時，三總剛從國外引進最新的「腹腔鏡」手術，就是在肚臍旁及下腹部兩側，各切開約一公分的小傷口，利用腹腔鏡的儀器，插入腹腔內作探查。手術除傷口小之外，身體復元快，縮短住院天數。開刀迄今三十年了，蒙觀世音庇護照應，身體一切尚能保持身心靈之平衡，值得慶幸。

（四）作者深切瞭解台東後花園是偏遠地區，生活機能較差，需要有愛心善念的大德前往投注，於是和內子研商，決定抱著持續為榮民長輩服務的意志，於二〇一四年八月一日，由台南榮家轉赴台東市更生路一〇一〇號「馬蘭榮家」報到。詩人余光中教授，對台東情有獨鍾，下面是他的傑作：

城比台北是矮一點　天比台北卻高得多
燈比台北是淡一點　星比台北卻亮得多
街比台北是短一點　風比台北卻長得多
飛機過境是少一點　老鷹盤空卻多得多
人比西岸是稀一點　山比西岸卻密得多
港比西岸是小一點　海比西岸卻大得多
報紙送到是晚一點　太陽起來卻早得多
無論地球怎麼轉　台東永遠在前面

來到馬蘭榮家，首要的服務工作，就是組成「樂齡社團」泡茶活動，志工小組長由作者擔任，組員請已退休曾經在榮家擔任秘書室主任的范平亞和曾任職於「太平榮家」（二〇一四年與馬蘭榮家整併）擔任政風室主任退休的王音懿，倆人和作者昔日都是在一起工作的好夥伴。

台灣茶在十九世紀後半期到二十世紀前半期，銷售到全世界五大洲。烏龍茶（Formosa Oolong）在歐美和日本都是頂級茶的代名詞。一千五百年前，唐代東渡日本的鑒真和尚，把中國茶文化帶進日本的先鋒。在廈門出生的李春生，對台灣茶業的發展貢獻極大，被尊稱為「台灣茶之父」。早期台灣，茶是平凡、平實、平常的一杯飲料，是常民生活中維繫人與人感情的符號。「奉茶」包含了互動元素，一杯茶水，注滿主人上乘心意。「北包種、南凍頂」，說明了南北茶各自的獨擅勝場。

據成大醫院醫師吳至行等六位醫師研究顯示：喝茶對骨密度愈好，可減緩骨質疏鬆現象。每天喝兩千西西的水，讓鈉離子隨尿液排出。茶品含有兒茶素、茶多酚，能提高骨骼密度、降低脂肪與血壓、殺菌防蛀牙、抗老化等。一日建議量四百到五百毫升，貧血、糖尿病患者及常失眠者，則少喝為宜。

我和內子兩人，偶爾也會回中和住宅歇憩幾天，「天有不測風雲，人有旦夕禍福」。二〇一五年十一月六日那天回中和，內子攸（ㄧㄡ）然在家昏倒，適時送台大醫院急救，在加護病房全身插管二十天，情況十分危殆，主治醫師告訴，病情不很樂觀，我們家屬心裡要有準備。突如而來的晴天霹靂，的確頓使作者張荒失措。這二十天，個人趁機不斷誦念觀世音名號，企望能有一線活現曙光。「誠則靈，感動天」，第二十天內子想像不到卻甦醒了。當年元月二十八日從台大醫院普通病房轉到中和住家近在咫尺的「忠祥醫院」。人救了回來，但終身須洗腎，從此接受每周一、三、五上午固定洗腎的時間。

血液透析（hemodialysis）是一種洗腎的方式，當腎功能喪失，以致新陳代謝的廢物累積在體內無法排出，而產生一系列的洗腎前兆，含出現尿毒症、呼吸困難、貧血、心律不整等症狀，卻藥物也無法緩解洗腎前兆時，就需要靠洗腎（血液透析、腹膜透析）或接受腎臟移植，才能維持正常功能。台灣的洗腎人口一直位居世界高位，除了腎臟疾病，高血壓、高血糖、高血脂，這三高常見疾病，也是造成洗腎原因之一。台灣有超過百分之十二民眾，罹患慢性腎衰竭，更有高達九萬四千人需定期接受洗腎，且每年洗腎患者都在以八至九千人的驚人速度成長，二〇二〇年治療腎臟疾病的費用達五六二億元，名列健保支出項目第一，對國人之健康是一項莫大的警訊，值得我們重視。

四、止於善念，信心具足（精進）

（一）作者在軍中三十七年，前後三次奉派至越南、高棉及瓜地馬拉擔任顧問工作

顧問工作，在人生歷程上是極有意義的挑戰與啟迪，開拓智慧之門，謹將在這三個國家執行任務情形，概述如下：

1. 駐越南顧問─經國防部甄選，於一九六八年七月十六日接到參謀總長高魁元上將命令，和另外四名少中校赴越擔任「中華民國駐越軍援團」顧問。越南有悠久的歷史文明，是古代漢文化和印度文化匯聚之所在，長期使用漢字，至今仍保存古代漢文化的形式與內容，成為研究古代漢文化的標本。歷史上越南曾被漢唐時期中國封建王朝統治，長達千餘年，受漢文化浸染，又長期和中國保持密切的「宗藩關係」。

越南屬於熱帶國家，物產豐饒，素有「世界糧食」之稱。自然資源和人力素質非常充沛，沿岸天然良港多，扼守太平洋通往印度洋的國際航道，戰略位置重要，為兵家必爭之地。

越南戰爭（一九五五—一九七五年）簡稱越戰，是南越（越南共和國）對抗北越（越南民主共和國）與越共（越南南方民族解放陣線）的戰爭，也是二戰以來，美國參戰人數最多（五十四萬三千人參戰、死亡五萬八千人），耗資四千多億美元，影響最大的戰爭，前後十二年，結果美國在越戰中失敗（南越軍死亡二十萬五千人、北越部隊九十萬人）。

我們的任務是協助越方⑴建立政治作戰制度，發揮統合戰力⑵以武力和政治相結合、軍隊與人民相結合⑶增進官兵和當地住民的感情⑷指導地方政府推展社會工作與民事活動。在越兩年期間，作者利用餘暇到「萬行佛學院」旁聽，霑露法益，洗滌心身。心之所趨，也常至「萬佛寺」禮佛，祈求顧問團團員人人平安稱心。在此特別要記述，越南佛教蓬勃興盛，是明末清初的一位大師拙公所創始。作者從《佛光大辭典》中查考，有這樣記載：

拙公和尚（一五九〇—一六四四年），俗姓李，幼名新蓮，法名圓炆（ㄨㄣˊ），法號拙拙，習稱拙公，佛教臨濟宗第三十四代傳人，越南北方臨濟宗開山祖師，拙公禪派的創立者。拙公是明朝福建漳州府海澄縣人。十五歲在漸山寺出家，拜南山寺德冠陀陀和尚為師。萬曆三十五（一六〇七年），拙公前往古眠國（水真臘，今越南南部）弘揚佛法，達十六年之久。一六二三年在廣南國阮主政權治下弘法，受到了阮主阮福源的厚待。在弘法期間，收了何姓華人弟子明行禪師。德隆五年（一六三三年）抵達奉天府，住持看山寺，宣傳佛法，黎朝上層人物多拜其為師，誼王鄭梉（ㄓㄨㄤ）之弟勇禮公鄭楷，甚至讓親生女兒在看山寺出家。拙公在看山寺住持不久，受勇禮公鄭楷邀請至京北鎮慈山府僊（ㄒㄧㄢ）遊縣（今北寧省僊遊縣）佛跡社萬福寺（俗稱佛跡寺）做住持。

時至後黎朝鄭阮紛爭時期，萬佛寺已舊址凋敝，破敗不堪。拙公認為此處地形獨特，非比尋常，便決意重興萬佛寺。拙公從中國帶來了不少佛教典籍，其中包括祭祀超度水、陸孤魂的《水陸諸釋》。拙公依據此書，在萬佛寺組建了一座大齋壇，超度亡靈。鄭主鄭梉極禮過拙公，曾派弟子明行返回中國「請經」，其經書藏於萬佛書，供後人研讀。鄭梉更賜封拙公為師祖。圓寂時，黎神宗追封為「明越普覺廣濟大德禪師肉身菩薩。」拙公的佛學思想，主要繼承中國禪宗心性論，並主張「三教融合、禪淨雙運、心即是佛」。著有拙公語錄。

2.駐高棉（今稱柬埔寨）顧問——一九七二年七月十二日，堅決反共的高棉總統龍諾，瞭解我國政治作戰制度推行成效，所發揮的無形戰力，為此，高棉政府正式邀請我政府派遣顧問團，前往高棉協助策劃全國軍事與民政工作。一九七四年作者在首都金邊工作時，就稱謂「高棉共和國」，現在普遍改稱柬埔寨，不叫高棉。

我們顧問團郁團長思維縝密、具前瞻眼光，對共和軍之現況掌握精準，與高層之間來往密切，尤其觸及棉共之威脅，團長均能客觀分析，提出對策，頗受高棉當局之重視與賞識。團長為使同仁能將本身專長獻替於高棉政府，召集同仁分工合作，把「政訓自衛」、「文宣心戰」、「軍紀肅貪」、「保防安全」及「民運服務」等作五區分，責令同仁，依所列研究項目，針對高棉國情、軍政實況，提出具體可行至當方案，集體討論後，經團長核行，以「備忘錄」致函棉方參酌運用。團員雖然只有五個人，透過群體頭腦的激盪，啟發想像力、判斷力及決斷力，綜合起來，就可達到「以智取勝，以慧聚才」的動力。

團部聘請當地三位華裔僱員（一位女性僱員），其中一位熟諳中棉文賴先生，他知道作者篤信佛教，三不五時陪我到各寺廟參拜。高棉比丘一律穿土黃色袈裟，粗茶淡飯，生活簡樸，一心誦經，與外界甚少接觸。一九七五年，高棉被赤化，顧問團奉令撤回返台。幾年後，據聞賴先生被赤棉政權處死，心中十分驚悚，久久為他默禱，祈求觀世音引領他到極樂世界，免受世間桎梏，脫離生死輪迴。

高棉佛教是東南亞大陸除緬甸外，少數獨立起源的佛教分支，佛教在藝術、語言、文字上不僅影響了柬埔寨，還廣泛影響泰國和寮國。佛教徒佔總人口比例長期達百分之九十以上，甚至高達百分之九十七，是世界排名第一（第二是泰國，第三是緬甸）主要信仰上座部佛教。據統計全國僧侶有六千五百餘人，寺塔三千四百座，佛教徒佔本國人口的百分之九十以上。柬埔寨的兒童會被送去短期出家，學習本國傳統文化知識和佛教禮儀規範，若干年後還俗，也可以續留寺院成為正式僧侶。巴戎寺，也譯為巴揚寺，意為「美麗的塔」，位於吳哥古蹟一座大乘佛教寺院，也是高棉帝國最後一座國家寺院，建於一二一九年，由高棉國王闍耶跋摩七世興建。巴戎寺興建約晚吳哥窟一百年，該寺建築物中最馳名的是每座佛塔上以闍耶跋摩七世的形象所雕刻的「微笑四面佛」，又稱為「高棉的微笑」，佛像神秘的微笑成為柬埔寨著名的地標建築，與吳哥窟的古典風格形成鮮明對比。

3.駐瓜地馬拉顧問——一九八四年三月十六日，作者在馬防部正在處理公務之際，趙司令官要我立即到他辦公室，他出示郝總長密電，指令我搭近日軍艦返台。三月二十六日在國防部聯二次長趙知遠中將引領下晉見召長。同年四月十二日，作者以「國軍援瓜軍事顧問團」正式名稱，擔任團長，率領五位中少校，前往中美洲的瓜地馬拉。

臨行前，我隨身帶著在家恭奉行拜長年的「麒麟觀音」座像，小心翼翼護持飄洋過海。誠心誠意的祈求觀世音保祐我們六位同仁去回平安，順利達成國家賦予任務。

麒麟是吉祥神寵，主太平、長壽也常用於鎮宅。漢族民間有麒麟送子之說。牠的功效有三：⑴擅長化解三煞、五黃煞、天斬煞、穿心煞、鐮刀煞、屋角煞等。麒麟是仁慈之獸，懲奸除惡保護好人⑵鎮宅化煞能力最強，安奉之人要常感念鎮護之情。牠和獅虎不同之處，就是不傷好人(3)麒麟主正財，旺事業，催富貴，避邪化煞，帶來各方面的祥瑞。麒麟觀音，面容沉靜而端莊，神態安逸而慈祥，給人慈愛端莊之感。觀音氣色優美，讓人有親切的感受，栩栩如生，令人心繫。

瓜地馬拉位於中美洲北部，西、北方接墨西哥東南界，東臨貝里斯，濱加勒比海並臨宏都拉斯，東南與薩爾瓦多接壤，西南臨太平洋，首都瓜地馬拉市。我國與瓜地馬拉自一九三三年建交，迄今剛好九十年。長年和中華民國維持外交關係的瓜國，在中國於中南美洲影響力日增的情形下，也傳出邦誼不穩的訊息。

本團主要任務，以「課程講授」為主，「協輔實務」兼之，調訓全國民事幹部、三軍部隊掌管民事與心戰之優秀軍官。每週課程三十五小時，全期課程共計二二七小時。課程由顧問團成員講授；部份與瓜國內政軍情有關課目，則由瓜國著名教授分擔之，將理論性與原則性，做到具體化與實用化，務讓學官對政治作戰有完整概念，洞悉共黨陰謀，消除軍民恐共心理，研採制敵、破敵具體有效之對策，達到「學用結合」之目的。

（二）作者自二〇〇三年五月十一日接受紅十字會水上安全工作隊「救生員班」訓練，在三年之內，經過了高級泳訓班、游泳教練班、十式班等各階段之嚴訓，直至二〇〇六年五月七日正式取得第十期「救生教練」。

二十載在水安隊，不時向先進教練請益討教，獲益匪淺。本會成立於一九八五年元月二十六日，現有會員達六千餘人。難能可貴的一件佳話，即二〇一八年本會產生了第一位女會長陳美芳，她具有總會頒發之「救生與急救」兩種高級教練執照。她聰慧幹練，處事圓融，且體能過人，光環十足，以「傑出女強人」稱呼，實不為過。

作者除了參加會內各項活動之外，不揣翦陋，常將訓練心得與體驗，投寄每月出刊「會訊」上，藉以彼此交換意見，吸取新觀念，在切磋琢磨相互激盪氛圍中，樹立教練學品領導之威嚴。「水安隊」豐厚了我們無限的源水，增進了無窮的活力！身懷「游泳與救生」技倆，可得到下列幾項啟示：

從訓練中豐富了生活機能

從競技中體認了生命價值
從奮進中孕育了人性光輝
從教學中累積了寶貴經驗
從逆境中激發了挑戰動力

二〇〇八年時任會長劉慧明上任伊始，邀作者茶敘懇談，研議出刊會史事宜，以見賢思齊，群起效尤，彰顯先進前賢艱辛創建之歷程，使全體會員瞭解與認識，本會悠久光輝之史頁，作者有感於劉會長具有宏觀胸懷，關心本會之赤誠，忝為會員之一份子，自當敬謹接受此一重擔，責無旁貸，全力以赴。

是年本會創會二十三週年紀念，作者遂於元月二十日向歷任會長簡報，提出「本會會史暨歷任會長生平事略」兩部份架構，作較完整性的全般構想論述，將編纂要旨逐項說明並針對主客觀環境變遷，綜合勾勒本會的理念願景，具體精進指標，大面向思維來撰寫。

專刊標題為《薪火相傳，永續發展》，編撰內容區分為會史全般概念、歷任會長生平事略、歷程紀要暨永恒的追憶，配合照片集錦，凸顯真實性與可讀性。自接受總編輯任務以來，彷彿「萬千重擔壓肩頭」，將近一年的期間，除正常之工作與個人私事之處理，幾乎都埋首沉思編撰工作及協助聯繫上。在這過程中，因時間久遠，資料闕付，搜集不易，仍然老驥伏櫪，期使人、事、時、地、物可靠信實，從搜集、整理、分析、研判加以比對核實，多次修正校對，使全程構思能一脈相成，不致遺漏。

整本專刊之樣稿出爐，旋即於同年十月十三日，請歷任會長審定，結果皆咸認「忠於史實、誠於客觀、圖文精美」之評語。當專刊順利付梓完竣，作者如釋重負，對歷任會長之付託，有所交代。

（三）作者於一九九三年四月十四日自政戰學校退休

三十年來每日早晚誦念心經、金剛經、大悲咒、彌勒救苦真經等，即使遠行、旅遊甚至赴國外，從未間斷停輟，「恒久如一，信若磐石」，視作「必修重要德目」。誦後短暫冥思，也趁機反省與內檢每日「待人接物」不週延之處，力求精進改善。另外，利用餘暇研讀相關佛法（學）經書典籍，希冀從中汲取智慧和力量，斷除煩惱，自利利他的「智德與悲德」，使慧炬常明、佛日增輝。

《妙法蓮華經》，簡稱《法華經》，是佛教的主要經典之一，旨在提倡三乘歸一，以大乘調和，融會小乘。經名中的「妙法」，是說這部經的法義微妙無上，體現了最高佛旨；「蓮華」即「蓮花」，比喻經義純潔無瑕，如蓮花居塵不染。它善用譬喻，形象生動，不僅是一部思想深邃的佛學著作，而且還具有濃厚的文學色彩，對不同宗派與東亞佛教都有巨大影響。

《六祖壇經》，是禪宗最重要的經典，而禪宗則是中國佛教史上，最重要的一個宗派。是禪宗的奠基之作，對唐代以來中國佛教的發展，有極為重要的影響。《壇經》是由六祖大師宣講，其弟子法海記錄而成。取名《壇經》是因六祖在廣州光孝寺受戒之處有個戒壇，是南朝劉宗時期，一位名叫求那跋陀羅三藏法師的印度高僧所建。六祖惠能大師是禪宗的開山祖師，是禪宗的源頭。《壇經》內容豐富、生動、精深而質樸，對唐代的中觀、天台、唯識、華嚴、淨土都有涉及，便於結合各大宗派進行比較和分析，觀其異同，就可以從中看到禪宗在佛教的地位與特點。

《楞嚴經》，全名《大佛頂如來密因修正了義諸菩薩萬行首楞嚴經》，簡稱為《大佛頂首楞嚴經》、《大佛頂經》、或《首楞嚴經》、《楞嚴經》。耳熟能詳的觀世音菩薩耳根圓通法門、大勢至菩薩的香光莊嚴都出自《楞嚴經》。此經為後世禪宗所吸收，在中國廣大流行；其依菩提心攝心，以獲得真淨妙心，與後來禪宗的體解悟入真常妙心，有深契之處。整部《楞嚴經》就是要我們堅住究竟的首楞嚴三昧，在如來的果道中，能堅住根本境界，圓滿成就。在修持過程中，體悟法性周迅一切，離於一切功用造作，堅住本來一切清淨，現前圓滿，匯入於菩提妙性當中。

《阿彌陀經》的重點在「開顯正因」。我們對淨土法門的重要修行傳承，如何設定目標、選擇方法、選擇佛號後如何修皈依，對佛號來建立的信念，都是很多方法，這個就叫「開顯正因」。修這個法門，它的特色，一言以蔽之，就是「帶業往生，橫超三界」。研究這部經，有四個主題：

「解釋經題」，經題部是總持一部經的要義。

「經文大意」，先說明本經的修學綱要，扼要地說明。

「隨文解釋」，就經文來解釋其中的義理。

「結示勸修」，引用古德兩個偈頌，把整個經文作總結。整個阿彌陀佛功德的核心價值，就是無量光、無量壽。就是我們所說的西方淨土的導師，他因地的時候發四十八願，「接引信願念佛眾生，生極樂世界，永階不退者也」。

《維摩詰經》，產生於西元二、三世紀的早期大乘佛教興起時期，在大乘佛經中是極具特色的一部經典。宣揚的是不偏執於離世修行和去染就淨，強調以住世為涅槃，度人為解脫一大乘菩薩的真精神。中古世人對於《維摩詰經》的熱情有多重原因，其中一個重要的緣故在於《維摩詰經》所提供的維摩詰這麼一位秉有高超覺悟又不離棄世間的居士形象。難以想像浸潤在傳統儒家觀念中的士人會徹底拋棄對於家族、國家的責任去出家。然而，維摩詰居士「雖為白衣，奉持沙門清淨律行；雖處居家，不著三界；示有妻子，常修梵行；現有眷屬，常樂遠離的形象，使他們獲得啟示，得以在維持文化傳統、宗族秩序的同時，追求超逸的宗教境界，企慕心靈的寧靜安然。著名的高僧鳩摩羅什、僧肇等曾為此經作過注釋義疏。

《佛說父母恩重難報經》，母親有十大恩德：

1. 母親懷胎時對胎兒守衛愛護的恩德。
2. 臨盆生產受盡苦楚的恩德。
3. 生下孩子忘記所有憂苦的恩德。
4. 自己咽下苦的，吐出甘的給愛兒的恩德。
5. 迴旋乾淨的給孩兒而自己去將就污濕的恩德。
6. 哺餵乳奶和撫養教育的恩德。
7. 替孩兒洗濯屎尿不淨的恩德。
8. 孩兒外出遠行，慈母在家掛心憶念的恩德。
9. 對孩兒深深的加以體諒撫恤的恩德。
10. 終生直到究竟都沒有窮盡的對孩兒憐愛愍念的恩德。

佛陀告示芸芸眾生：「觀察到很多眾生，雖然傳承做為人子的品格，良心善行卻受愚癡蒙蔽，不思念父母爹娘，於生育兒女有大恩德，不產生恭敬父母的心，忘了父母的恩德又違背了人子的道義，沒有仁愛慈悲的心腸，忤逆不孝不順從父母」。

《佛法概要》，依據北傳漢語系佛教資料來寫佛陀的傳記和言教，旨在宣揚大乘佛教，有助於繼承和發展中華民族文化傳統及尊重各族人民的信仰。同時詳細介紹十大聲聞、五大菩薩的生平事蹟與修學法門。我們從聖賢應化事蹟中，學到寶貴經典義理。尤其五大菩薩的思想，能牢固地播種在八識田中，來日終穫碩果，福慧具足，依正莊嚴，這對於世道人心、修身養性，會綻出美好的作用。

（四）近年來，不經意間和親朋好友交談時，提及《般若心經》經文，均異口同聲的咸認，經文內容難懂，不易瞭解真義，以致影響誦讀之意念，而有放棄對《般若心經》執著之願力。因此，作者不揣謭陋，矢志撰寫一本能使人人易讀易懂的《般若心經》。兩年來，除了閱讀十多本《般若心經》書籍之外，間或赴台北淨空大師所創辦的「佛陀教育文教中心圖書室」瀏覽相關典籍，同時藉著自藏《佛光大辭典》加以旁徵佐引，引經據典，希望做到「信實與淺顯」。

《般若心經》本文各段落，均按經文、詮釋、註解、佛法智慧等四個步驟，循序進行，並附以表解，期使讀者一目了然，加深學習印象。另外亦將佛教平日用語，廣蒐列入【佛學辭典】，增廣讀者智慧之門。本書已於二〇二一年十二月出版，力求簡明完善，力有未逮之處，祈請菩薩先進匡以斧正。日前一位修心誠正甚深的摯友，寄來一首七言詩勉勵，自當儆惕精進：

恒持淨戒莊嚴悟
公心悲智拔苦崖
將領引眾虔敬懺
軍士用命齊渡還
功果早定菩提眷
德業潤身奕世綿
無上法印大悲化
量周沙界正法傳

我們不只是閱讀、誦持、聽聞、思惟《般若心經》的境界，還要建立正知正見，將其內容變成實踐實修的法門，融入日常生活當中，從見地上的體悟，到道地上的修證法則，來證入《般若心經》所描繪的圓滿果地。

（五）蘇軾（西元一〇三七—一一〇一年），宋代文學家，號東坡居士，學識淵博，喜獎勵後進，與父蘇洵、弟蘇轍，合稱「三蘇」，文縱橫恣，為唐宋八大家之一，官至禮部尚書。其詩題材廣闊清新豪健，善用誇張比喻，獨具風格。

《廬山煙雨浙江潮》就是蘇軾創作的一首七言絕句。該詩寫廬山的煙、雨和浙江的潮水，未曾到過見過，便覺得心中有千萬種的遺憾，無法消除，但一旦去過看過，也就覺得不新奇。沒見過以前總是充滿著嚮往與期盼，就想方法去追求與實現，一旦親眼所見，身臨其境，得到與擁有之後，反倒覺得很正常。這首詩頗富禪意，全詩展示出，人生追求真理的三個歷程。

廬山煙雨浙江潮，未至千般恨不消。

到得還來別無事，廬山煙雨浙江潮。

某日，蘇軾到了廬山，名山大川，氣象萬千，是日，天朗氣清，蘇軾和幾位朋友一起登山訪寺。走近一座山，只見亭閣靈秀，樹木蓊鬱，粉牆雪白，一位老僧迎了出來。請問施主是東坡居士嗎?久仰，老僧已在此恭候多日。請施主為我寺賜下墨寶。蘇軾接過小僧所奉筆墨，未加思索，就著粉牆，寫下了這首詩。

全詩表達了詩人一種由妄念躁動之中，恍然超越、豁然達觀的思想，有佛家的禪宗情調，淤泥生紅蓮。

「廬山煙雨浙江潮」：浙江潮，指錢塘江潮汐。此句詩意是廬山美麗的神秘煙雨，錢塘江宏偉壯觀的潮汐，很值得去觀賞。

「未至千般恨不消」：恨，遺憾。雖然無緣去觀賞廬山的煙雨和錢塘江的潮汐，是會遺憾終身。

「到得還來別無事，廬山煙雨浙江潮」：由《五燈會元》卷十七所載青原惟信禪詩的一段著名語錄演化而成。原句是：「老僧三十年前未參禪時，見山是山，見水是水，及至後來，親見如識，有個入處，見山不是山，見水不是水。

而今得個休歇處，依前見山是山，見水是水。大眾，這三般見解，是同是別？有人緇素得出，許汝親見老僧。」這三般見解，指得是禪悟的三個階段，也即是入禪的三種境界。東坡此詩頗有此意。

以禪理入詩的歷代詩人都有，唐代的王維可以說是代表，因他追慕隱逸恬靜，更皈依佛教，很多詩表現了出塵的思想。如「獨坐幽篁（ㄏㄨˊㄤ）里，彈琴復長嘯，深林人不知，明月來相照。」蘇軾在經歷過宦海風濤，渡過了人生許多坎坷之路，所產生「及至到來無一事」的禪語，也是煩惱即菩提的真實價值。

作者天資愚鈍，領悟力差，為此，欲藉多面向場域，滋養補分，彌補個人才疏之不足。甚至參加有益本身心性修養與提昇智能之講座或研討會，諸如：

1. 二〇一五年四月二十五日，在台東文化中心聆聽大慈善教育家嚴長壽講演「未來教育新焦點」。

2. 二〇一七年十一月四日，參加台大「中國文學、歷史與社會的多重對話」國際學術研討會。

3. 二〇一八年九月二十五日於台大參加院士曾永義博士演講會。

4.二〇一八年十月四日於國立台灣圖書館，參加內政部舉辦金門「八二三」戰役給我們的啟示座談會。

5.二〇一九年四月二十八日於士林台灣戲曲中心，參加中正大學教授王瓊玲座談會。

6.二〇一九年五月十七日參加世新大學主辦第十二屆「兩岸文學學術研討會」。

7.二〇二〇年十月二十三日於中央大學，參加「佛教文學研討會」。

8.二〇二一年七月十八日，參觀「世界宗教博物館」豐富的世界宗教文化與藝術展示的內容。

9.二〇二三年三月七日，參加佛陀教育基金會法務活動，心宏法師主講「華嚴十地品」講座。

10.二〇二三年五月二十五日，參加照欣法師「妙法蓮華經」講座。

近幾年紅十字會水安隊，受邀擔任萬里「靈鷲山」所舉辦之大小型法會「保健組」服務工作。作者雖已耄耋之年，仍充任斯職，每次參與樂在其中，沾喜法滿，不知老之將至！在二〇二〇年十二月十二日至十六日之水陸空大法會，於桃園大巨蛋舉辦，盛況空前，座無虛席。作者感動之餘，當即順手作詩和諸位大德共勉：

水陸法會祈平安　消災除厄修福慧
水安志工超人氣　功德圓滿慶晚宴
晝夜輪值守崗位　期待明年再相會
將軍誠祝感恩心　佛祖庇佑隨身邊

五、用心持念，不外攀緣（禪定）

（一）一九三七年「七七事變」後，台灣人即大批受日本帝國政府徵用，赴中國作翻譯、軍醫、軍夫等工作，至一九四一年太平洋戰爭起，台灣便比喻「不沉的航空母艦」，成為進攻東南的踏板，為兵員、艦隊、飛機、兵器、彈藥、糧秣等集結基地。台灣總督府順勢擔任經營華南，進入東南亞的角色。在南洋更大量使用台灣人，充當各種勞役、軍屬工作。一九四二年二月台灣人正式被徵兵，為數一萬六千五百人。一九四四年九月徵得六萬三千人，但因海空為盟軍所控，大都無法外運。據戰後日本厚生省的資料，台灣人出身的軍人，人數為八萬四百三十三人、軍屬（含軍夫）人數為十二萬六千七百五十人，合計二十萬七千一百八十三人，死亡人數三萬零四人。

日本在一九四四年十月至一九四五年七月，台灣集中大量的日本空軍戰機，陸軍機場三十五處、海軍機場十九處。一九四一年十二月八日，日本偷襲珍珠港後，佔領了大半的太平洋，但其軍事優勢僅維持了七個月。一九四四年六月在美國尼米茲將軍計劃，攻佔台灣和廈門，獲羅斯福總統的贊同，但麥克阿瑟則主張進攻菲律賓、琉球群島，於是依麥帥建議進攻菲律賓、沖繩，而對台灣採取空襲，無美軍登陸。一九四四年十月十日後的一星期間，美軍機在台灣近海與日軍空戰，雙方共出動四千三百二十架次接戰，日軍以四比一落敗，損失戰機三百十二架。日海軍第一航空艦隊司令長官大西瀧次郎中將，下令以飛機攜帶二百五十公斤炸彈，隨人帶機攻擊美艦，稱為「神風特攻隊」，隊員以「新高特別攻擊隊」之名，有別與其他日軍飛行員，並在岡山航空工廠製造特攻飛機。

一九四五年三月二十三日至六月二十一日，美軍機大量轟炸台灣，完全封鎖台灣，使台灣無法以陸軍支援沖繩，雖然台灣進駐大量日本空軍乘隙飛往沖繩支援地面作戰，也無法挽回失敗的下場。一九四五年日本戰敗，十月二十五日台灣光復，日本宣佈無條件投降。十月在台灣繳交人員、武器為：戰鬥人員十八萬三千人、步槍八萬四千支、重擲彈筒二千六百個、輕重機槍三千一百挺、野戰砲一千五百門、要塞砲八十八門、舟艇一百九十艘、艦艇十四艘、各型飛機九百三十八架、戰車七十六輛及馬匹二千七百隻。

日本軍史承認二戰中，日軍官兵戰死一八五萬人、其中在中國八年日軍戰死四十萬人，日軍在中國陣亡的人數佔日軍死亡總數百分之二十二。日本投降時，日軍總數七二〇萬人，其中「中國派遣軍」一〇五萬人，日本關東軍向蘇軍投降六十八萬人；在太平洋戰場向美軍為首的盟軍投降的南方軍和「國內軍」合計五五〇萬人。

作者從一九四三年九月就讀台中忠孝國小一年級、次年轉讀台中國小。為了躲避美軍機轟炸，於一九四五年五月從台中老家，疏遷至中部鄉下霧峰，於九月轉學到霧峰國小續讀三年級。雖然接受日本三年小學的奴化教育，常因受到空襲，無法正常上課。不僅白天空襲，甚至夜晚也逃不過，有時一天躲在防空洞三、四次，幼小心靈起伏不定。一聽到空襲警報鳴聲，就遵照雙親傳授的「觀世音救苦救難」聖號，雙手合十不停誦念，始終心緒雜亂，唯有聖號能「解危為安，心平氣和」

(二) 作者駐防金、馬前線，前後十五年：

金門外島：

1. 一九五八年—服務於「誠實部隊」，擔任尉級連指導員，駐防東一點紅，該師於一九五九年改編為前瞻師，一九六九年「嘉禾案」，改為重裝步兵師，一九七六年改番號為一五八師。

2. 一九六六年—服務於「海鵬部隊」，擔任團級少校參謀，駐防湖南高地，前身為第十八師。一九二八年成軍於湖北漢口，一九四九年登陸突擊潮汕，亦參加「古寧頭」戰役，一九五二年併編為十七師，一九七五年改番號為第十七師，是一支光榮傳統的國軍勁旅。

3. 一九七八年—服務於「班超部隊」，擔任師級上校副主任，駐防頂堡，一九五〇年由海南島轉進來台，一九五九年改為前瞻師，一九七六年改番號為一二七師。

馬祖列島：

1. 一九七七年—任職馬防部政二科上校科長。
2. 一九八一年—任職莒光師政戰部上校主任。
3. 一九八四年—任職馬防部上校副主任。

最值得一提的是作者於一九五七年六月九日，自復興崗政戰學校畢業，有十七位五期同學一起分發陸軍五十八師。一九五八年七月十日隨部隊移防至金門前線。「八二三」砲戰伊始，作者是五十八師一七二團步三營營部連少尉指導員，旋於一九五九年元旦晉升中尉。師部在頂堡、團部在湖南高地。

砲戰期間，官兵全副武裝，嚴守戰場紀律，依現況以三分之一部隊實施精練戰鬥訓練、三分之一積極構工、另三分之一擔任海岸守備及運補勤務。陣地加緊構築野戰工事，挖戰壕、加強防護射擊與強化偽裝、觀測、防空降、防毒氣、防砲擊、防敵人滲透等，隨時準備近距離戰鬥，尤對彈藥屯儲及軍品裝備，積極戰備檢查工作。

連上充員戰士（台籍士兵）佔三分之一，初期戰士受砲擊影響，膽戰心驚，幸有大陸資深士官從旁協助撫慰，始漸趨「轉弱增強，轉憂為安」的堅定意志，消除了緊張而恐懼情緒，使官兵生死與共，矢誓必勝必成的決心，打贏這一場聖戰！為了安定充員戰士忐忑不安心裡與思鄉情怯，作者不時叮嚀三、五天要寫信向台灣的後方家屬報平安。

金門砲戰自當年八月二十三日至十月六日止，共軍向我砲擊四十七萬四千九百十發，我砲兵發射對岸為七萬四千八百八十九發。我砲兵部隊官兵陣亡六十三人、重傷七十八人、輕傷二四一人；陸軍陣亡官兵四九三人、負傷一八七〇人。「八二三」砲戰之勝利，澈底粉碎中共武力犯台的陰謀，屏障了復興基地的安全，厚實國家生聚教訓的契機，奠定國家長治久安的基石。「以史為鑑，殷鑑不遠」，歷史的傷痕可以或忘，但是歷史真相，不容抹滅。「八二三」已成為歷史上感到光榮而驕傲的戰鬥，更加感佩在戰役中為國為民犧牲奉獻的英勇烈士。「惟仁者能以大事小，惟智者能以小事大」的仁者精神與大智慧增進兩岸彼此瞭解、理解、諒解及和解，建構一個「不衝突、不對抗、相互尊重、合作雙贏」的兩岸關係，共同為永久的和平與繁榮，開展中華民族千載難逢的機運，為萬世開太平，為後代謀福祉！

作者奉派至金門或馬祖前線，都隨身攜帶台中「寶覺寺」法師所贈予的「觀世音菩薩」聖像，供奉在辦公室內，早晚頂禮膜拜，不但可以自我保身，無形中庇佑官兵之平安，「化險為夷，轉危為安」。尤其在金門砲戰期間，我陣地官兵袍澤，受傷者有之，但無人陣亡，真是不幸中之大幸，作者百感交集，心有戚戚焉，對受傷者給予溫情撫慰！

(三) 二〇一三年秋天，復興崗政戰學校「曉園」(即五期) 同學一行二十餘人，組團參加新疆七天六夜之旅，一路上有位文同學夫婦從新竹來，整團在松山機場集合辦理登機手續。作者瞬間見到這對夫婦，先生由太太攙扶，仔細再看，文同學氣色不佳、略顯疲乏，走路蹣跚，似乎身體欠安，不是很康健。尤其乘船遊長江三峽之際，始終未上岸瀏覽各地景色。作者本著惻隱之心，同學之情，也跟著他倆夫婦，在所住內艙，邊和他倆談天說地，邊替文同學按摩捶背，調劑其身心，藉以消除其「心魔」。隔天清晨，我過去探望，只見文同學精神比前一天稍為奕奕，心情開朗不少，有說有笑，在身旁的同學大嫂喜悅的向我說：「謝謝學長這麼關心我們，我先生這幾餐食量大開，從內艙往船外的高山峻嶺，目視覺得清晰，腸胃也通暢，連多日未能排便都舒順了。真的要感謝學長仁愛之心，關懷盛情。」其實作者早晚都在房間，為文同學向觀世音菩薩，祈求他身心愉悅，體健如常。

在旅遊即將結束前，大嫂告訴作者：「我先生患有宿疾，本來主治醫師勸阻我倆別參加此次旅遊，鄭重提醒，身體恐怕會有變化，支撐不下去，最好取消遠行……」等剴切叮嚀。

七天六夜之旅很快結束，全團同學咸認是一趟極為令人難忘的美好回憶，有助身心健康，且能增廣見聞，大家盼望下次很快再組團一起旅遊，同學之情，溢於言表，難能可貴。作者返回「台南榮家」沒幾天，和文同學大嫂連繫多次，不多久作者供奉在家多年的「觀世音」聖像，攜往新竹文同學住宅膜拜。倆夫婦喜出望外，連一對子女一再向我稱謝。「誠則靈，心唯一」，不可思議的文同學日有起色，逐日康健，主治醫師嘖嘖稱奇。之後，據作者獲悉，全家和樂融融，子女功成名就。全家大小每天清晨「誠心誠意」恭敬向觀世音作禮圍繞，以諸華香而散其處。

佛教的經典上說：「觀世音的悲心廣大，世間眾生無論遭遇何種災難，若一心稱念觀世音聖號，菩薩即時尋聲赴感，使之離苦得樂」。故民間信仰者均稱「大慈大悲觀世音菩薩」，為佛教中知名度最高的大菩薩，有「家家阿彌陀，戶戶觀世音」的讚譽。台灣民間信仰者稱「觀音佛祖」、「佛祖」或「觀音媽」；大陸民間信仰者稱「觀音娘娘」；一貫道則稱「南海古佛」。

(四) 比丘尼，又譯爲苾芻尼，有「怖魔、乞士、淨命、淨持戒、破惡」之多種含意，漢語稱尼師、師太、女尼、尼僧。比丘尼則是指受過具足戒的佛教女性出家僧侶。「尼」在梵語中是女性詞尾，比丘與比丘尼合稱出家二眾。

在佛教僧團中，第一位出家的比丘尼，是養育釋迦牟尼佛長大的姨母大愛道比丘尼。在釋迦佛陀時代，修行成就的比丘尼甚多，著名者有神通第一的蓮花色比丘尼。印度傳統上對女性有歧視，但佛允許建立比丘尼僧團，讓印度女性多一個選擇。漢傳佛教地區的比丘尼戒，源自於上座佛教，由分別說部與法藏部傳至中國，直到今日尚有傳承。在美國、英國乃至歐洲亦恢復了比丘尼僧團。隨著中國改革開放，大陸的比丘尼傳統也已恢復。

作者有一位姪女很有佛緣，大學畢業後即剃髮出家，當時她父母，也就是我的大哥和大嫂，曉得愛女要出家，不但未予阻止，反而相對的讚美說：「我們全家大小（一男三女）都是虔誠佛教徒，幾十年來，能夠平平安安過活，使我們每個人身體健康，快樂生活，這都是觀世音菩薩所賜。妳能有此決心出家，去求更精深的法門，同時也希望為廣大眾生宣揚佛法，造福眾生，正道心性。我們林家以妳為榮，祝福妳在佛道上一切順利，具足具滿！」一恍將近三十年，目前姪女在中部一家佛寺潛修與講道，法號釋園展。

《中阿含經》其中一篇〈迦絺那經〉說：「居家塵勞之至，出家學道，發露廣大，我今在家，為鎖所鎖，不得盡形壽修諸梵行，我寧捨小財物，及多財物，捨小親族，及多親族，剃除鬚髮，著袈裟衣，至信捨家，無家學道。」這段經的意思是說，居家很狹窄，總有一個範圍，在這範圍裡有父母、兄弟、姐妹、妻子、兒女，被這些親屬牽引著、束縛著，令人生起種種煩惱障礙，只有出家學道，方能把眷屬的障礙和煩惱的障礙消除，這樣就能「發露廣大」。因為出家的「佛界」很廣大，不再念念想著眷屬與財物，我們要解脫，就應該遠離一切障礙，行菩薩道普利一切眾生，就如四宏誓願所說：「眾生無邊誓願度」。

剃光頭表示一種破斧沉舟的決心，也是誓願的心志；穿袈裟是染色衣，出家人不會像在家人那樣，穿鮮明雪白或彩色的衣裳。相信佛教所設立的戒律，能令我們轉凡成聖，轉惡為善，轉染成淨。我們只要捨家去學道，也能得到佛法僧一樣的功德。捨棄束縛自己的家庭眷屬去學道，就是「無家學道」，這是最好的學道條件，比在家優勝很多。所謂「學道」，是學解脫、學清淨、學遠離煩惱、學證涅槃。

作者多少年來，始終心繫我的姪女釋圓展法師，為了使她在修習方面更能精益求精起見，作者將珍藏多年的「佛光大辭典」十鉅冊，全部贈送給她，希望有助於她在研究法典或講道上，可加以引經據典，旁徵佐證。

（五）作者於一九九三年四月一日自政戰學校退休，較有充裕時間研讀經典，雖然也常有看不懂經義的原文，但主要下定決心，多看幾遍、多揣磨，才能激發自己的潛能與理解力，自然心領神會，瞭解個中意涵，這正是不可思議的佛法薰染力。人身難得，佛法難聞，學佛機緣不易，常被貪、瞋、癡所障蔽，不過盡可能把握任何學佛的因緣，跨出一步，就接近一步，能聽聞正法是人生的福報。

一九九四年過春節之後的某一天，作者忽然心血來潮，開車和內子直駛貢寮「靈鷲山」。依稀記得在一間不很大的道場，在座的善男信女逐一在心道師父面前皈依。輪到作者時，師父雙手輕微放在我的頭頂，面帶笑容，瞬間感覺身上有一股暖流，頭頂發光發熱，我閉眼雙手合十虔敬致意，剎那，彷彿看到觀世音菩薩駕雲騰空，出現在眼前，是那麼的慈祥，那麼的威儀！誠如方東美教授所說：「學佛是人生最高的享受」，這句話金石良言，真實不虛，使心隨境轉，啟動了煩惱、業力、生死的果報。想像不到三十年後，作者這幾年隨著「紅會水安」來到靈鷲山參加「保健組」志工服務，豈不是冥冥之中具有佛緣相隨，能不額手稱慶。

「靈鷲山」無生道場，是開山心道師父於一九八五年創立，以禪的攝心觀照為本，以教育弘法為主軸。因道場面向浩瀚的太平洋，而且梵音繞耳，故取名為無生道場。「無生」也指靈覺沒有生死的意思。師父生於一九四八年，祖籍雲南，十三歲隨孤軍撤至台灣，十五歲（一九六三年）第一次聽到觀世音菩薩聖號時，激動不已，自此開啟學佛志心，發願茹素修道，並在雙臂上及肚皮刺上「悟性報觀音」、「吾不成佛誓不休」、「真如度眾生」等字，二十五歲剃渡出家，行腳歷十餘年，在外雙溪蘭花房苦行僧、礁溪圓明寺修行及授記，也在員山周舉人古堡等地，體驗世間幽隱不堪的「塚間修」。一九八四年到福隆山上的「法華洞」斷食修行兩年多，開山創建道場後，展開弘法度生的佛行事業，亦是世界宗教博物館（創立於二〇〇一年）及愛和平地球家（創立於二〇〇二年）的創辦人。

二〇〇一年至二〇〇三年之間，作者騰出時間，在中台禪寺台中的「普民精舍」，參加初級班、中級班及禪修班等講習，也參加過大型法會。談到打禪七雖然要七天禁語、不能與外界交談，但藉由反覆打坐、悉聽法師開示，反而能將心靈不潔淨的清除乾淨，學習不被煩惱捲走，進而定心、淨心、明心，尋回生命的活水源頭，找到自己安身立命的所在。充飽電後，回到職場、家中又是嶄新的自己。「寧靜」往往是最有力量。禪七境界需要假以時日，或許，當踏上找尋心的旅程那一刻起，就是旅人與佛最接近的距離吧！

惟覺老和尚生於一九二八年，四川營山縣人，一九四九年隨國軍來到台灣。二十一歲接觸佛教後，以專修禪宗為主，精勤念佛。一九六三年秋，於基隆十方大覺禪寺靈源長老座下出家，法名知安，法號惟覺。一九七〇年初於萬里山中閉關苦修十餘年。一九八七年創建靈泉寺，舉辦第一次禪七。二〇〇一年九月一日，中台禪寺正式落成啟用。老和尚深諳教化之重要，藉由僧眾教育、社會教育、學校教育三大領域，將佛法落實於各階層中，期使大眾皆能獲得佛法薰陶，以達安定人心之效。二〇一六年四月八日，因骨髓再生功能退化，引發併發症，於正念堂安祥示寂，享壽八十八歲，門弟子二千、入世弟子百萬。對外創辦學校、設博物館，及種種課程開設，最終都是實踐生活即修行的概念。

六、離苦得樂，佛道無上（智慧）

（一）一九六六年十月十七日「國防語文學校」越文班第一期開學，校風「忠信」

，以做黨國喉舌與中外橋樑為使命，校歌是：「鍾靈毓秀，山高水長，三軍志士，齊濟一堂，作黨國喉舌，為中外橋樑，發揚民族正氣，堅持革命立場，效忠領袖，貫徹國父主張，人群進化，賴我維揚，一言九鼎，興國興邦」（王建作詞、駱先春作曲）。校長鄒宇光將軍致辭表示：「國防部針對軍事情勢與任務需要，在很短時間內籌設國軍有史以來第一期越南文班，希望同學們在各師長教導之下，努力把越文學好、學精，將來為國家貢獻你們的所學……」等語，詞意肯切，勉勵有加。作者就是考進來的第一期同學，三十名同學來自陸、海、空、勤、警、憲單位之精英軍官，其中有中校四名、少校十二名、上尉十三名及中尉一名，當時作者是少校考進去的，尚未結婚，訓練時間為一年。

越文班課程內容有1.選讀、口譯與演講2.軍語、筆譯、情報與公文3.會話、電話教育4.東南亞國家研究等。由於國內欠缺越語教材，老師透過越南親友在當地選購寄來，幾經多次來回聯繫，才有像樣的教材施教。老師的確煞費心思，為教材而傷腦筋，甚至自編講義，期使同學能快速進入學習越文秘訣，奠定良好基礎。越南文字母也稱國語字，基於拉丁字母，一六五一年法國傳教士亞歷山德羅（Alexandre de Rbodes）所創的越南語—拉丁語、葡萄牙語辭典是越南語用羅馬字表記的起源。越南成為法國殖民地後，公文多用這種以羅馬字為基礎的國語字並逐漸普及，一直使用至今。越語已擴及全世界，超過一億人通用，越南社會科學院語言學研究所，為全越南統籌越南語機構。

作者在越文班攻讀一年，和同學食宿在一起，課業上相互研討，琢磨砥礪，同窗之誼如兄如弟，相處和睦。每天作者仍然心中念念不忘口誦觀世音名號，賜予我奇妙的智慧力量，引領我走向清淨、慈觀的坦途。就如同《妙法蓮華經》〈觀世音菩薩普門品第二十五〉所列述：

眾生被困厄，無量苦逼身，觀音妙智力，能救世間苦。

具足神通力，廣修智方便，十方諸國土，無刹不現身。

真觀清淨觀，廣大智慧觀，悲觀及慈觀，常願常瞻仰。

具一切功德，慈眼視眾生，福聚海無量，是故應頂禮。

種善因，自然而然機會來了，就會得善果。所謂種瓜得瓜，種豆得豆，平日就要勤耕、播種。作者能在一九六八年被遴選派至越南，據事後得悉，能在「越文班」畢業，應該是重要之遴選條件。我們第一期越文班三十名同學，派在越南擔任顧問者僅有兩人。作者能夠苟活迄今，不是觀世音之寵愛護法，早已在戰地陣亡。另外那位同學在越南任務完成即返國，接受上級畀予中校營長職務，不過好景不常，在任期內染病遽逝，四十不到，家尚有妻兒，情何以堪，不勝唏噓！

（二）婚姻是緣份，佳偶天成，白頭偕老，永結同心：十年修得同船渡，百年修得共枕眠。台灣離婚率亞洲排行第一，盤點婚姻中隱藏版三大殺手，比外遇更可怕的是形同陌路的生活。根據內政部統計，台灣離婚在二〇二〇年高達五萬一千六百八十對，位居亞洲之冠，所有年齡層中，以三十五歲至三十九歲為離婚率最高的階段。至於離婚原因，經統計結果顯示，不外乎為外遇、家暴及婆媳問題等，另外婚姻中的「隱形殺手」，易造成雙方感情破裂，有三個最常見的原因：1.其中一方付出過多，另一方不懂感謝2.冷言冷語，瘋狂碎念，都會逼瘋一個人3.相處趨於平淡，忽略親密需要。

作者於一九六八年元月二十一日，在一位近親長輩介紹之下，和居住在豐原的富女小姐結褵，可說是一齣「媒灼之言」的婚禮。迄今已屆五十五週年，「金婚」象徵著情如金堅，愛如長河。用一生的痴情，換來一世的甜蜜；用一生的眷戀，締造一世的浪漫；用一生的守候，笑看一世的美好；用一生的真愛，牽手一世的幸福。

結婚五十五年來，我們有子女各一，年初曾孫誕生了，我和內子已是「四代同堂」的阿祖，大中小合計十一個人，長幼有序，知書達禮，不少親友也給我們無限的祝福！在這裡作者提醒年輕的男女夫妻：「我和內子在這麼長時間廝守中，沒有因為某件事而吵得面紅耳赤，更不會對某些問題有相左的看法，而爭論不休或大打出手。兩人一路走來，只有互諒互勉，容忍至情，彼此攜手，白頭到老。」

（三）回憶三十七年戎馬生涯，泰半皆在野戰部隊與戍守金馬前線服務，軍務繁忙之餘，甚少涉獵人文社會學科，因此，內心一直耿耿於懷，始終抱持著「學無止境，不進則退，活到老終身學習」的意念，有志者事竟成，先後攻讀了碩士與博士學位。

1.考取碩士班—二〇一一年春季僥倖的考取了嘉南藥理科技大學，溫泉產業研究所碩士班，在個人生命史上，邁進了一步。為了報考碩士班，早在一年前即積極準備相關考試範圍與科目。同年四月二十八日學校公佈錄取名單，在三十二位報考當中共錄取十五名，作者以第十三名上榜，是溫泉產業研究所第五屆學生，自第六屆後取消筆試，只有面試與書面資料審查。據悉，這是順應時代潮流，仿效歐美國家制度，對碩博士的甄試以個人發展潛能、專業知識、表達能力、思考邏輯及研究計劃列為甄選重點。

作者在第一學年就把二十四個學分一氣呵成；第二學年專心思考趕寫論文，題目經與指導教授反覆研討結果，核定為「台南榮家引進公私合辦溫泉健康養身中心策略之研究」（Study of the BOT strategy for health care centerused hot springin Tainan vaterans home）。整本論文約十一萬字，從理論架構，邏輯推論與策略分析等，花費了長時間的指導與修正，使論文在預定時間內順利完成。皇天不負苦心人，六月三日經過四位口試委員一致決議，終於過關了，如釋重負，一掃兩年來心頭的陰霾！往昔作者在軍中都是拿槍桿子，這兩年在學術上，從教授群和不同社會階層來的同學中，多少汲取了文人「思維與理則」特質的養分。二〇一三年除了作者獲得碩士學位外，長孫女祐萱也考取了中山大學，可謂「祖孫雙喜臨門，相互輝映」不亦樂乎。

2.攻讀博士班──為了報考世新大學中國文學系博士班，一年前就準備相關考試資料及撰寫研究計劃等，在二〇一七年六月四日接受五位口試官的面試，其中一位是所長張雪婇教授，她是美國威斯康辛大學（University of Wisconsin）東亞語言暨文學系中國文學博士。

七月二十三日學校放榜，作者前往一路上忐忑不安，結果是備取第一名，世新大學每年錄取三名，但料想不到奇妙的事發生了，榜示第三天，即二十五日上午十時許，接到學校教務處承辦人來電，告知作者錄取了，我回覆的說：「前天到學校看榜，只是備取第一名。」這位承辦人語氣肯定的向我說：「林先生，你確定錄取了，請你明日上午帶著碩士畢業正本和學費，直接來教務處辦理入學手續，再次恭禧！」第二天上午九時作者半信半疑的心情，搭計程車直赴世新辦理報到事宜。據承辦人向我說：「本年共錄取三名博士生，其中正取第三名因故註銷其入學資格，由作者遞補。」辦好註冊手續，回家路上興奮莫名，雀躍不已，心想若是備取第二名，就泡影沒指望入學了。

作者一進家門，內子笑臉迎人，興奮的向我說：「可喜可賀！到了這把年紀還能有機會讀書深造，一則是你充份準備應考；二則是觀世音的靈感，造化了你。你早晚多年來誦念觀世音的經典，感動天了，足證觀世音的靈驗。」作者考取了博士班，如獲至寶，不是觀世音的寵愛護佑，不可能進「學術殿堂」，鑽研高深的學問。作者日夜苦讀，沒有自己餘裕時間，不是研讀相關書籍，就是到中央圖書館搜集資料，自己深知「底子」不是很好，只有勤耕勤奮，下苦功夫，不懂地方，不恥下問。有時整夜，寫不出幾個字，才悟出「少年不努力，老大徒傷悲」的哀愁！作者三年期間，在恩師蔡芳定教授嚴謹而又細繹的指導下，以「李白詩中的戰爭意識」（Consciousness in Li Bai's Poetry），為論文題目，通過五位口試委員決議，終於在二〇二〇年六月六日，正式取得了文學博士學位，並榮獲校長吳永乾（美國華盛頓大學法學博士）頒發的「傑出表現獎」。

（四）中華民國國軍的陸上武裝部隊，隸屬於國防部陸軍指揮部

現有三個軍團、四個防衛指揮部、一個航空特戰指揮部、四個地區指揮部、四個裝甲兵旅、三個機械化步兵旅、三個砲兵指揮部、二個航空旅、一個飛行訓練指揮部、一個特種作戰指揮部、十一個新訓步兵旅和五個守備大隊，總人數約為十三萬二千人，人數為三軍之最。重要裝備有戰車一千輛、攻擊直昇機九十架、各型直昇機一〇五架。現行國軍的軍階，軍官分為將官、校官、尉官三官等並有十個官階；士官分為六個官階、士兵分為三個等級。

作者有孫男、孫女各二人，很期盼有一位能從軍，繼本人衣缽，報效國家，守衛鄉土。作者看上了最小的孫子誼弟，他在讀高三上學期，我就開始遊說宣導，但每次均被他婉拒，甚至場面失控，祖孫差點撕破臉。沒意料，誼弟在高三下學期，有一天突然興致勃勃向我說：「阿公！我要去報考陸軍專科學校……」。他明白本身的智識水準，作者有些疑惑的回答：「太好了，阿公給你導引多次，你選擇軍人這條路是正確的，很適合你的長處與性格，要充份準備應考，預祝金榜題名。」二〇二〇年五月一日入學考試，幸獲錄取，於七月二十九日前往桃園市中壢區龍岡的「陸軍專科學校」報到。誼弟一夕一念之間開悟，作者相信是多年來早晚誦念《心經》、《大悲咒》所致，使誼弟頓時「智開慧根」，觀世音的佛力是無遠弗屆，不可狐疑不信！

該專科學校，四十六年建校，早期招收對象為陸軍在營資深士兵。五十四年一月一日起，常備士官第一期開訓，對外招募，高中（職）畢業生，目標是提升陸軍士官幹部的學習能力與學歷。修業年限為二年，在校學生數一千八百人。校訓是「親愛精誠」，意義是造就「頂天立地，繼往開來，堂堂正正」的革命軍人。蔣中正於十四年元旦對黃埔軍校學生訓話中闡述了「親愛」是要所有的革命同志，能「相親相愛」，官校的宗旨「精」是精益求精，「誠」是誠心誠意。在校二年，學費全免，食衣住全由學校供應，每月並有零用金一五一二〇元。畢業後以下士任官，薪資四一四五〇元。畢業服役滿三年即可報考碩士。另逐級完成軍事進修後，服滿規定年資，晉升至士官長，薪資六萬元。誼弟目前服務於花蓮地區，在身心靈各方面，均有長足進步，同時也有一位美麗的親密女友，穩定交往，盼望早日終成眷屬，成家立業，保家衛國。

（五）「復興崗師友」聯誼會，創立於二〇二〇年七月十三日，成立宗旨有三：

1. 誠心誠意為同仁服務。
2. 增進彼此情感交流，提昇樂活生命力。
3. 提振健康身體與生活品質。

自二〇二二年十一月一日起，改為「復興崗師友暨紅會水安志工」聯誼會，擴大為同仁服務。因受「新冠肺炎疫情」影響，這三年來至二〇二三年六月底止，共舉辦餐敘十次、國內旅遊二次及赴菲律賓宿霧一次，袍澤一致咸認有益個人身心健康，調劑生活情趣，以及促進彼此情感之交流。

二〇二二年十一月十八日至二十日，**舉辦「花東三天兩夜溫泉知性之旅」**

活動，共有三十三人參加。在十九日當天，我們安排參訪台東馬蘭榮家。三天旅遊圓滿結束之時，馬蘭榮家輔導組承辦人郭美雅小姐，傳簡訊給我：「將軍，我這三年在榮家服務，所見聞多在基層堂隊，家區的洗衣部大型洗衣機仍是洗脫分離，工作人員不分寒暑，常需碰水及將衣、被拉換洗衣機與脫水機，每到換季大量洗被子的時節，更是辛苦。工作人員都是中、高齡員工，每每看到他們任勞任怨的工作，更燃起想要為洗衣部更換新型自動洗衣機的想法。經過二年向上級爭取，最後都因為預算太高或有其他需要的項目而被擱置，讓人感受到買大型洗衣機的起程遙遙無期。將軍熱心公益時有所聞，希望能助一臂之力。」作者即時回覆：「妳能設身處地，為洗衣部工作人員設想，也直接嘉惠伯伯長輩，妳的善心義行，我深受感動，本人儘快勸募所需款項，達成妳的宿願。」

「愛就是看見人的需要，形成正向、善的循環，生生不息」。在全體同仁及作者至親好友，集腋成裘，共襄盛舉之下，自動洗衣機募款，從千元捐助至十萬元不等，在兩個月內就達到了目標。作者感恩之餘，無以回饋這麼有愛心而慈善的大德，特別訂製繡有「復興崗師友會」休閒衫贈送給贊助者，聊表個人寸心之忱！二〇二三年五月十九日，作者偕李紹澄、吳信義及劉慧明，應馬蘭榮家主任楊建和之邀，參加捐贈自動洗衣機感恩茶會，並接受「感謝紀念牌」。

附註

註一：指戒、定、慧三學，在凡夫之身爲有漏（有煩惱、垢染），在聖者之身則爲無漏（無煩惱、清淨）故謂聖者之三學爲三無漏學。楞嚴經卷六（大一九・一三一下）：「攝心爲戒，因戒生定，因定發慧，是則名爲三無漏學。」

註二：舍利弗，佛陀十大弟子之一，其母爲摩伽陀國王舍城婆羅門論師之女，出生時以眼似舍利鳥，乃命名爲舍利，故舍利弗之名，即謂「舍利之子」。年十六即能挫伏他人之論議，諸族弟悉皆歸服。年少之時，與目犍連結交，出家學道，僅七日七夜即貫通其教旨，會眾二百五十人皆奉之爲上首，然舍利弗猶深憾未能盡得解脫。

註三：乃佛陀十大弟子之一。佛陀成道後歸鄉，阿那律與阿難，難陀、優波離等，即於其時出家爲佛弟子。阿那律嘗於佛說法中酣睡，爲佛所呵責，遂立誓不眠，而罹眼疾，至於失明。然以修行益進，心眼漸開，終成佛弟子中天眼第一，能見天上地下六道眾生。

註四：羅漢即爲阿羅漢，是佛的得道弟子，是小乘佛教修行所獲的最高果位。修到羅漢的境地，已斷盡三界煩惱，滅除見、修二惑，永遠解脫輪迴。辟支佛出於無佛之世，當時佛法雖已滅，而能獨自修行證果。性好寂靜，樂行頭陀，無力傳揚自己證悟的佛法，沒有聲聞弟子眾，所以佛教認爲辟支佛無法佛陀一樣成爲人、天導師。菩薩具名菩提薩埵，菩提是佛道，薩埵是眾生，眾生發心求入佛道名菩薩。又，上求菩提，下化眾生，故爲菩薩。已斷煩惱結，於生死輪迴自在、具救度眾生能力者，稱爲大菩薩，即菩提薩埵摩訶薩埵。

註五：㈠禪宗六代祖師之統稱，即達摩、慧可、僧璨、道信、弘忍、慧能（或指北宗禪之神秀）。

㈡指禪宗第六代祖師，即慧能。幼喪父，家貧，鬻薪事母。偶聞誦金剛經，萌出家之志，遂投五祖弘忍座下，並嗣其法，後於韶陽曹溪寶林寺樹立法幢，大弘禪宗頓悟之旨，爲達摩祖師入東土後之第六代祖師，世稱六祖大師。

註六：圓瑛（一八七八－一九五三年）我國近代僧。十九歲至鼓山出家，主修天台學。光緒三十二年（一九〇六年）與太虛大師締交，訂定「以心印心、白首如新、以善勸勉、疾病相扶、安危與共、事必相商、各自立志」等數條義規，共結兄弟之盟。時年二十九，太虛十八。尤以楞嚴經之註釋、宣講，傾四十餘年之願力而廣說之，機辯縱橫，饒益教界。

註七：宋濂出身貧寒，自幼好學，自少至老，未嘗一日去書卷，於學無所不通。元末，朱元璋稱帝，建立明朝，他就任江南儒學提舉，爲太子講經學。累官至翰林學士承旨、知制誥。洪武十年（一三七七年），以年老辭官還鄉，閉戶纂述。

註八：皇覺寺建於南朝宋元嘉三年（四二六年），沈戎後裔懷文、演之、慶之等表請以始祖宅爲寺，宋文帝賜名「懷德」，故初名「懷德寺」。北宋英宗治平二年（一〇六五年）改名爲「皇覺寺」。已有一千五百多年歷史。

註九：創建於唐天復年間（九〇一—九〇四年），舊名廣福寺，宋政和年中改爲「天寧寺」。明末之神異僧海寶，即曾住於天寧寺。本寺即傳臨濟宗之法燈，而與金山江天寺、揚州高旻寺並稱爲江蘇省三大禪林。乾隆二十七年（一七六二年）高宗南巡之際，曾賜本寺御聯一對、匾額一方。

註十：普陀山三大寺之一，又稱後寺。明萬曆八年（一五八〇年），僧眞融自西蜀來禮普陀山，喜光熙峰泉石之勝，遂結茅而居，取「法海潮音隨機普應」之義，題名「海潮庵」。清康熙三十八年（一六九九年），敕賜「天花法雨」及「法雨禪寺」匾額。雍正九年（一七三一年）又賜銀重修，與普濟寺並稱於世。

附錄

《般若波羅蜜多心經》

唐・三藏法師玄奘譯

（《大正藏》第八冊八四八頁下）。
注音和標點作者加註。

觀自在菩薩，行深般若波羅蜜多時，照見五蘊皆空，度一切苦厄。舍利子！色不異空，空不異色；色即是空，空即是色；受、想、行、識，亦復如是。舍利子！是諸法空相，不生不滅，不垢不淨，不增不減。是故空中無色，無受、想、行、識。無眼、耳、鼻、舌、身、意；

無色、聲、香、味、觸、法；無眼界。乃至無意識界；無無明，亦無無明盡，乃至無老死，亦無老死盡。無苦、集、滅、道。無智亦無得。以無所得故，菩提薩埵，依般若波羅蜜多故，心無罣礙；無罣礙故，無有恐怖，遠離顛倒夢想，究竟涅槃。三世諸佛，依般若波羅蜜多故，得阿耨多羅三藐三菩提。故知般若波羅蜜多，是大神咒，是大明咒，是無上咒，是無等等咒；能除一切苦，眞實不虛。故說般若波羅蜜多咒，即說咒曰：揭諦，揭諦，波羅揭諦，波羅僧揭諦，菩提薩婆訶。

千手千眼無礙大悲心陀羅尼（大悲咒）

南無 喝囉怛那 哆囉夜耶 南無 阿唎耶 婆盧羯帝 爍
鉢囉耶 菩提薩埵婆耶 摩訶薩埵婆耶 摩訶迦盧尼迦耶
唵 薩皤囉罰曳 數怛那怛寫 南無悉吉嘌埵 伊蒙阿唎耶
婆盧吉帝 室佛囉 楞馱婆 南無 那囉謹墀 醯唎摩訶
皤哆沙咩 薩婆阿他豆輸朋 阿逝孕 薩婆薩哆 那摩婆薩
多 那摩婆伽 摩罰特豆 怛姪他 唵 阿婆盧醯 盧迦帝
迦羅帝 夷醯唎 摩訶菩提薩埵 薩婆薩婆 摩囉摩囉
摩醯摩醯唎馱孕 俱盧俱盧 羯蒙 度盧度盧 罰闍耶帝
摩訶罰闍耶帝 陀囉陀囉 地唎尼 室佛囉耶 遮囉遮囉

219　千手千眼無礙大悲心陀羅尼（大悲咒)

摩摩　罰摩囉　穆帝隸　伊醯伊醯　室那室那　阿囉嘇　佛
囉舍利　罰娑罰嘇　佛囉舍耶　呼盧呼盧摩囉　呼盧呼盧醯
利　娑囉娑囉　悉唎悉唎　蘇嚧蘇嚧　菩提夜　菩提夜　菩
馱夜　菩馱夜　彌帝唎夜　那囉謹墀　地利瑟尼那　婆夜摩
那　娑婆訶　悉陀夜　娑婆訶　摩訶悉陀夜　娑婆訶　悉陀
喻藝　室皤囉耶　娑婆訶　那囉謹墀　娑婆訶　摩囉那囉
娑婆訶　悉囉僧　阿穆佉耶　娑婆訶　娑婆摩訶　阿悉陀夜
娑婆訶　者吉囉　阿悉陀夜　娑婆訶　波陀摩羯悉陀夜
娑婆訶　那囉謹墀　皤伽囉耶　娑婆訶　摩婆利勝羯囉夜
娑婆訶　南無　喝囉怛那　哆囉夜耶　南無　阿利耶　婆嚧
吉帝　爍皤囉耶　娑婆訶　唵　悉殿都　漫多囉　跋陀耶
娑婆訶

觀世音菩薩主要經典簡介

一、《妙法蓮華經》〈觀世音菩薩普門品〉姚秦．鳩摩羅什譯

《法華經》是大乘佛教一部很重要經典，尤其是在中國，因為中國佛教的重要宗派，天台宗就是依據此經而開創。天台宗認為《法華經》是一部最圓滿的經典，所以將《法華經》視為「經中之王」，視為「聖典教」。《法華經》傳到日本以後，對日本的天台宗、乃至日蓮宗等也產生了極大的影響，他們都是以《法華經》作為判教的基準，所講的是究竟、圓滿的佛境。

本經典真實地顯現了如來的果地，宣說了如來的壽量、如來的神力、如來的體性，顯現法界的如是實相。同時，也宣示了修持上不可思議的方便：「一稱南無佛，皆共成佛道」，這是在修行上所展示的不可思議甚深方便。《法華

經》中說：佛的出現乃為一大事因緣，就像日月遊行於天空般，是與有因有緣的眾生相應，是為使眾生「開示悟入佛之知見」的緣故而出現於世間，示現廣大不可思議的方便、因緣。而《法華經》中的〈普門品〉，即是廣為傳誦的觀世音經典，其中宣說以大悲心故，循聲救苦，普門示現的廣大威力。

二、《摩訶般若波羅蜜多心經》一卷　唐玄奘譯

本經在闡明觀自在菩薩，以深般若波羅蜜多的廣大智慧，照見一切諸法皆空，度化一切苦厄。《般若心經》是般若系統裡面，文字最少的一部經。在中國本經的翻譯有很多的版本；至今尚存的古譯本大約九種，其中有兩種已經佚失了。

《般若心經》，就是直接彰顯摩訶般若波羅多之心髓的經典。要達到般若經典之果德，就必須從中體會《般若波羅蜜多心經》所提示的正見，並透過經典所提示之正見，把我們修行當斷、當立的見地，整個確定無疑，並且信受奉行。只有這樣無疑的信受所建立的正見，來指導意識修習，才能產生轉識成智的功用；而以智慧的昇華。

三、《千手千眼觀世音菩薩廣大圓滿無礙大悲心陀羅尼經》一卷

在觀世音的修行法門中，最廣為流傳者，莫過於誦持大悲咒。大悲咒出自於《大悲心陀羅尼經》，全名為《千手千眼觀世音菩薩廣大圓滿無礙大悲心陀羅尼經》，全一卷，為唐代伽梵達摩所譯。另有《千手千眼觀世音菩薩大悲心陀羅尼》，為唐代不空和尚所譯，其內容是擷取伽梵達所譯之精華，即從發願以下到陀羅尼，之後另加上四十手之圖與真言，以及說明每一手的功德。大悲中的名稱是這樣來的：在法會中，阿難問佛：「當何名此咒？如何受持？」佛告阿難：「如是神咒有種種名，一名廣大圓滿，一名無礙大悲，一名救苦陀羅尼，一名延壽陀羅尼，一名滅惡趣陀羅尼，一名破惡業障陀羅尼，一名滿願陀羅尼，一名隨心自在陀羅尼，一名速超上地陀羅尼，如是受持。」

這些名稱都代表了此咒的作用，所以此咒有廣大圓滿的作用、無礙大悲的作用、救苦的作用、延壽的作用、滅惡趣的作用、破惡業障的作用、滿願的作用、隨心自在的作用、速超上地的作用。因之，我們須從名號上來思惟此陀羅尼，了解此陀羅尼後再來持誦，會更圓滿。

四、《十一面觀世音神咒經》一卷　北周．耶舍崛多譯

此經是由觀世音闡述十一面咒（ㄓㄡˋ）的利益，可以免除病難及其他災禍，命終時可見十方諸佛，生於無量壽國。經中並詳細記載誦此咒之作法、雕刻十一面觀音像的法式及壇場儀軌。唐．玄奘三藏也有傳譯此經。

五、《請觀世音菩薩消伏毒害陀羅尼咒經》一卷　東晉．竺難提譯

此經敘述毗舍離國流行惡疫時，有阿彌陀佛及觀世音、勢至菩薩由西方淨土來至其國。其中觀世音唱念種種神咒陀羅尼，因此惡疫消除，並免除了種種災難。經中並勸說眾生常常稱念觀音聖號誦此種種陀羅尼。

六、《觀世音菩薩授記經》一卷　劉宋．曇無竭譯

本經是在闡述觀世音與大勢至菩薩並為阿彌陀如來的二大弟子。又說此菩薩廣發濟度眾生之誓願，將來繼彌陀如來成佛。

七、《悲華經》十卷　北涼．曇無讖譯

在此經的〈諸菩薩授記品〉中，述及轉輪聖王的第一王子出家，發了大慈悲誓願，當一切眾生為苦惱、恐怖所襲時，若能稱念吾名，當令其逃離苦難。

由於發此誓願，寶藏如來乃為之命名為「觀世音」，並授記其將來繼阿彌陀如來之後成佛。

八、《攝無礙大悲心陀羅尼經計一法中出無量義南方滿願補陀落海會五部諸尊等弘誓力方位及威儀形色執持三摩耶標幟曼荼羅儀軌》一卷　唐．不空譯。

本經是佛陀，安住於無礙大悲心大陀羅尼，以自在力三昧，演說補陀落海會五部諸尊之弘願誓力，以及其威儀、形象、持物、三昧耶形等事。

九、《大乘莊嚴寶王經》　宋．天息災譯

又稱莊嚴寶王經，內容主要在敍說觀自在菩薩之威力化現及六字大明陀羅尼之功德。

十、《七俱胝佛母准提大明陀羅尼經》一卷　唐．金剛智譯

本經內容在介紹觀世音所化現之七俱胝佛母，即準提佛母化現因緣，形象、神咒，及持誦功德利益。

觀世音菩薩不同的稱號	
名　號	出　處　來　源
觀音	出現於西元 185 年後漢高僧支曜翻譯《成具光明定意經》、西元四〇六年後秦高僧鳩摩羅什譯《法華精・普門品》、西元七〇五年唐菩提流志譯《大佛頂首楞嚴經》，以及《悲華經》、《華嚴經》、《觀音菩薩授記經》。
闚音	西元 223－253 年間，吳支謙翻譯《維摩詰經》。
觀世音	西元 252 年曹魏康僧鎧譯《無量壽經》、西元 406 年後秦高僧鳩摩羅什譯《法華經・普門品》、西元 705 年唐菩提流志譯《大佛頂首楞嚴經》，以及《悲華經》、《華嚴經》、《觀音菩薩授記經》。
光世音	西元 286 年，西域大翻譯家竺法護譯《正法華經》十卷本。
現音聲	西元 219 年，西晉無羅叉譯《放光般若經》。
觀世自在	西元 508 年，後魏菩提流支譯《法華經論》。
觀自在	西元 663 年，唐玄奘譯《大般若波羅密多心經》。
大悲聖者	出現在《觀世音菩薩授記經》，顯現慈悲救渡眾生。
施無畏者	出現在《楞嚴經》第六、《請觀音經》，表示觀音具有守護世間人的威神功德。
圓通大士	《楞嚴經》中，觀音具有耳根圓通。
正法明如來	《千手千眼無礙大悲心陀羅尼經》中說，觀音是過去佛的法號。
普光功德山王如來	記載在《觀世音菩薩授記經》，是未來成佛的名號。
遍出一切光明功德山王如來	《悲華經》說這是觀音未來成佛名號。
大精進觀世自在	記載在密宗《大日經》。
千光眼	記載在《千手千眼無礙大悲心陀羅尼經》。
大悲大慈主	出現在觀音儀軌中。
蓮華手	觀音手持蓮花，或稱「缽曇蓮華手」。
南海大士	中國信徒認為觀音居住在南海普陀山上，故稱之。
慈航大士	從普陀山往南海看，觀音能救海上危難，故名之。
普門	觀音威神觀照十方，毫無障礙，所以受人稱讚為「普門」美名。

觀世音菩薩不同的稱號	
節　　　日	農　曆　日　期
釋迦牟尼佛成道紀念日	十二月初八
彌勒菩薩聖誕	正月初一
釋迦佛出家紀念日	二月初八
釋迦佛涅槃日	二月十五
普賢菩薩聖誕	二月二十一
觀音菩薩誕辰日	二月十九
準提菩薩聖誕	三月十六
文殊菩薩聖誕	四月初四
釋迦牟尼佛聖誕	四月初八
韋馱菩薩聖誕	六月初三
觀音菩薩成道紀念日	六月十九
大勢至菩薩聖誕	七月十三
地藏菩薩聖誕	七月二十九
觀音菩薩出家紀念日	九月十九
藥師佛聖誕	九月二十九
阿彌陀佛聖誕	十一月十七
釋迦尼佛成道日	十二月初八